語

5

ハンニバル戦記

［下］

塩野七生著

新潮文庫

6909

目次

上巻目次

中巻目次

カバーの銀貨について

これは、両替商にもって行けばデナリウス銀貨二枚にかえてくれたであろう、「ディドラクム」と呼ばれていた二ドラクマ銀貨。ローマ通貨なのになぜギリシア通貨の「ドラクマ」なのかという理由は、カルタゴを降した勢いに乗ってギリシアも傘下に入れたローマ人は、ギリシア語とのバイリンガーである生き方をつづけるのに何ら抵抗を感じなかったのと同じに、自国の通貨でさえも敗者ギリシアの通貨名で鋳造することに抵抗感がなかったからである。そして、このやり方のほうが現実的だった。地中海の東方では、ギリシア語のほうが広く通用していたし、通貨の呼び名でもその当時はまだ、ギリシア名のほうが慣れ親しまれていたからだった。

それゆえか図柄も、表面はギリシア神話のディオスクロイ。ゼウスとレダの間に生れた、双子のカストルとポルクスのことである。とはいえ、若いこの双子神はローマ人に好まれた神でもあったので、ローマ通貨の図柄にして不都合なことは少しもなかった。そして裏面は、四頭立ての戦車を駆る主神ゼウス。ラテン語ならばユピテルになるが、その下方に刻まれた「ＲＯＭＡ」という文字とともに、地中海世界の覇者になったローマ人の気概を示して余りある。

二〇〇二年四月、ローマにて

塩野七生

ローマ人の物語

ハンニバル戦記［下］

第六章　第二次ポエニ戦役終期

（紀元前二〇五年〜前二〇一年）

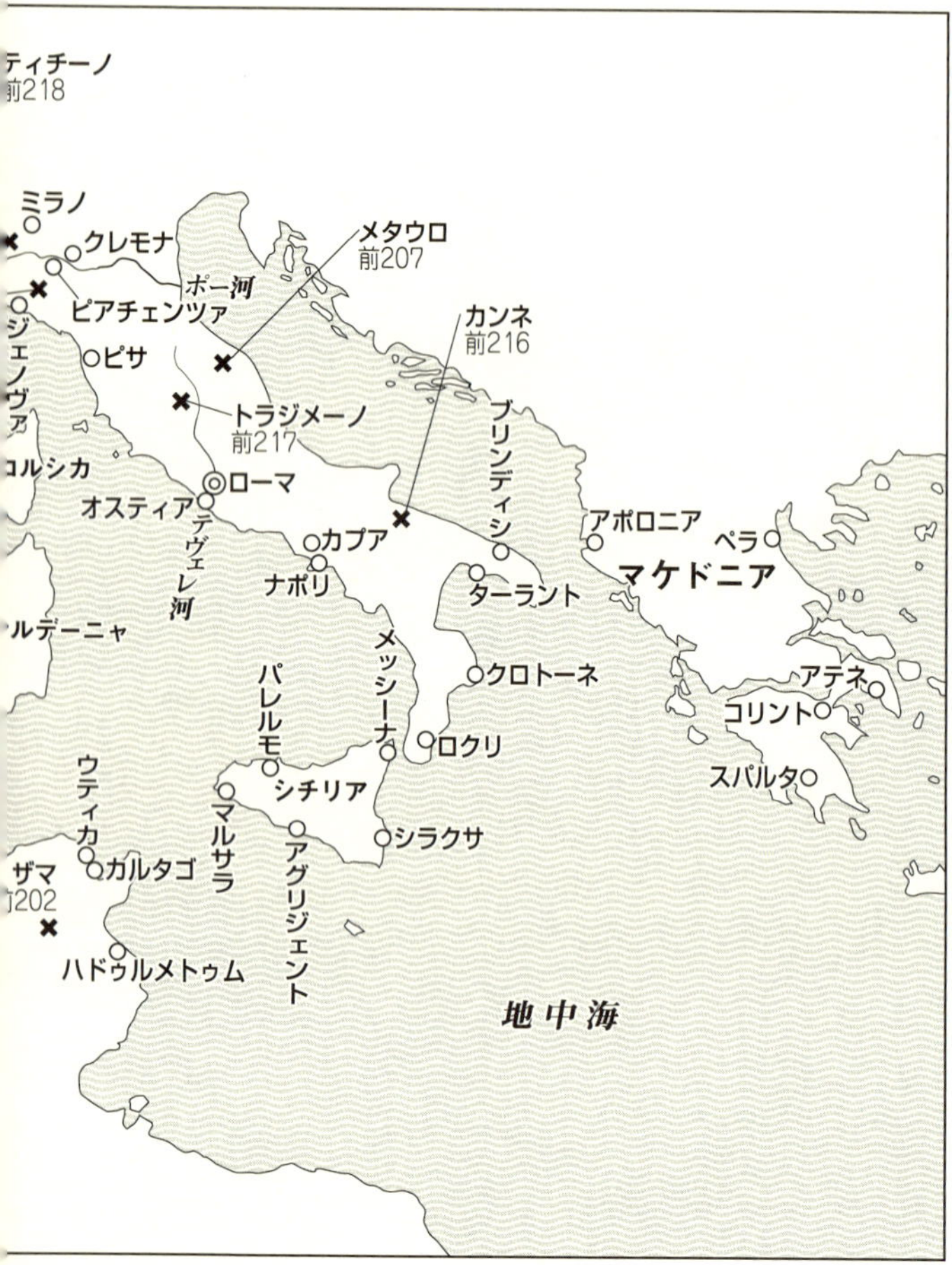

ティチーノ
前218
ミラノ
クレモナ
ピアチェンツァ
ポー河
メタウロ
前207
カンネ
前216
ジェノヴァ
ピサ
トラジメーノ
前217
コルシカ
ローマ
オスティア
テヴェレ河
カプア
ナポリ
ブリンディシ
アポロニア
ペラ
マケドニア
ターラント
サルデーニャ
メッシーナ
パレルモ
クロトーネ
アテネ
コリント
ロクリ
シチリア
スパルタ
ウティカ
マルサラ
アグリジェント
シラクサ
ザマ
前202
カルタゴ
ハドゥルメトゥム
地中海

本書に登場する主な地名

ローマは、少数指導の寡頭《かとう》政を採用する共和国である。政策を立てたからといって、それがただちに実施に結びつく君主政の国家ではない。また、巧妙な根まわしさえすれば、実施にはそれが最短距離になる、官僚制が完備した国家でもなかった。共和政ローマには、指導層を結集した感じの元老院《セナートゥス》がある。元老院を説得してはじめて、立案した政策も実施に結びつくのである。この元老院での勝負を決めるのは、弁論しかなかった。ラテン語の特色である簡潔と明晰《めいせき》は、弁論を武器とせざるをえなかったからだと私は確信しているが、戦場では側面攻撃を活用したスキピオも、彼と同じローマのエリートたちに対しては、弁論による正攻法を選んだのである。なにしろ、彼が考えていたのは、対ハンニバル戦争の路線変更という大事であった。

ローマに帰った彼は、まず、元老院で戦況報告をする機会を与えてくれるよう求めた。資格年齢の三十歳にはまだ数ヵ月を残すスキピオは、元老院議員ですらなかったからである。元老院での戦況報告を終えたスキピオは、だが、このような場合には常に伴う、凱旋式《がいせんしき》の挙行は要求しなかった。

スペイン戦線での戦果が、凱旋将軍になるのに不足していたからではない。それどころか、充分すぎるくらいだった。だが、戦略単位である二個軍団を指揮するのは、四十歳以上であることが資格の執政官《コンスル》か前執政官《プロコンスル》か、法務官《プラエトル》か前法務官《プロプラエトル》にしか許していないのが共和政ローマである。スペインに派遣された当時は二十五歳でしかなかったスキピオは、特例で指揮権を与えられていたのだが、スペイン制覇を成しとげた今でも二十九歳で、しかもこの年齢で凱旋式まで望んだのでは、特例に特例を重ねることを元老院に強いることになる。これでは、年功序列を重視してこそ機能する型のシステムである寡頭政、つまりその象徴的存在である元老院を、刺激しすぎることになるのだった。

スキピオは、ローマの武将にとっての最高の栄誉である凱旋式を、犠牲にしたのである。そうしておいて、元老院には、翌、紀元前二〇五年度の執政官への立候補を認めてくれるよう求めたのだ。

執政官の資格年齢も四十歳なのだから、翌年には三十歳になるスキピオには、まだ十歳足りない。ローマの元老院は、資格年齢が三十歳以上と決まっている元老院議員にすることには異存はなかったが、執政官への立候補を認めることには難色を示した。

しかし、元老院の建物の外では、つまり広場では、様相はちがった。凱旋式をしなくても、スキピオのあげた輝かしい戦果はイタリア中が知っていた。各植民都市《コローニア》や各同盟国《ソーチ》に住むローマ市民権所有者たちが、ローマでの市民集会で彼に一票を投じようと、例年よりはずっと多く首都に集まってきていたのである。ローマの選挙方式は、一人一票ではなくて百人一組で一票だが、市民集会もまだ開かれていないというのに、早々と自分たちの組の一票はスキピオに投票されると公言する、「百人組《ケントゥリア》」が続出する始末だった。

元老院は、これにまで逆らうのは利口なやり方ではないと判断する。スキピオの執政官立候補は認められ、市民集会は圧倒的な多数で彼を執政官に選出した。

だが、新執政官スキピオの任地を決める段になって、元老院は、彼の希望先に難色を示すどころか、はっきりと反対にまわったのである。

共和政ローマの最高官職であり軍隊の最高司令官でもある執政官は、市民集会で選出される。だが、その執政官二人の任地は、抽選で決めるとなっていた。とはいえこれは建前上のことで、実際は、戦闘単位でもある二個軍団を指揮する各司令官の担当戦線は、執政官二人のそれもふくめて、元老院で決めていたのである。

なぜなら、このようなことは、戦略上の理由で決められるべきであると考えられていたからだ。一般市民の集まる市民集会に、この種のことを配慮するに足る専門知識や経験まで求めることはできない。それをできるのは、官職と軍職の経験者の集まりでもある、元老院でしかなかったからだった。

スキピオは、この元老院に、自分の担当先を北アフリカにしてくれるよう求めた。それに、他でもないファビウスが、断固として反対したのである。

カンネで大敗を喫して後のローマを、持久戦法に徹することで引っ張ってきたファビウスは、その年七十歳になっていた。当初の「ぐず男《コンクタトール》」は「持久戦主義者《コンクタトール》」と意味を変え、「イタリアの盾」とまで言われ、元老院でも並ぶ者のない権威をもち尊敬を払われていた。ローマの元老院には、他の議員を制しても発言の権利をもつ「第一人者《プリンチェプス》」と呼ばれる制度がある。ファビウスはここずっと、この「第一人者」であった。そのファビウスが発言したことで、元老院での言論戦がはじまった。

「広場あたりでは、わたしの反対は、若き武将の輝かしい戦果に対しての嫉妬《しっと》によるという噂《うわさ》がもっぱらであるらしい。わたしともあろう者が、自分の息子よりも年少の彼に対して嫉妬などもついわれはない。わたしの反対は、純粋に国益を思ってのことである。

執政官になった以上、スキピオの任務は、イタリアに居坐りつづけるハンニバルを撃つことにある。アフリカに行くことにはない。北アフリカを攻めればハンニバルもイタリアから去るというが、その保証はどこにもない」

次いで、ファビウスは、「長靴のつま先」に追いつめたとはいえ、ハンニバルの危険性が減少したわけではないと、例をあげて説明していった。失敗つづきとはいえ、カルタゴ本国からの支援の試みも絶えてはいない。この翌年には、ハンニバルの末弟マゴーネの率いる支援船団が、ローマの制海権の及ばないジェノヴァに上陸することになるから、老ファビウスの心配も根拠のないことではなかった。ファビウスはつづける。

「お若いの、あなたは生れていなかったから知らないかもしれないが、われわれには、第一次ポエニ戦役当時の執政官であったレグルスによる、アフリカ遠征失敗という苦い経験がある。あの時代と同じく一国も同盟者をもたないアフリカで、レグルスの例をくり返さないと言えるのか。また、たとえハンニバルがイタリアを退去しアフリカに帰ったとしても、補給路を断たれてもこれほどもしぶとい彼が、支援の充分な母国ではどうなるかも、考えてのうえのことなのか。

われわれが、若さにもかかわらずスキピオを執政官にしたのは、ローマとイタリアのためである。彼個人の野心の満足に、手を貸すためではない。ローマは、英雄を必要としない国家である」

　実際、英雄になれそうだったグラックスやマルケルスは戦死していた。メタウロ会戦の勝利者ネロは、前執政官《プロコンスル》に任命されることでの最前線留任を許されず、権力はあるにしてもシビリアンであることは確かな財務官《ケンソル》になり、戦線を離れて一年になる。スキピオには執政官になることは認めたのだから、それでも相当な譲歩であるというわけだ。

　ファビウスは、ハンニバルを海に追い落すのはもはや時間の問題であると言い、次の言葉で発言を終えた。

「まずやるべきことは、イタリアに平和をとりもどすこと。アフリカに行って戦いをするのは、その後のことだ」

　すでに相当に反スキピオであった元老院の空気は、このファビウスの発言で、ほとんど決定的になった。その中で、スキピオが発言を求めた。議場の中央に進み出た若者は、丁重な言葉を使いながら、また声音も押えながら、しかし論旨だけは明快に話しはじめた。

「ファビウス・マクシムス、そして元老院議員の方々、わたしは、ファビウスのわたしへの反対が、嫉妬によるなどとはまったく信じていない。そして、彼の偉大さをしのごうなどとも、まったく考えていない。

しかし、年齢は若いが戦場経験は若くないと思うわたしの考えでは、これまでに成功してきたことも、必要となれば変えなければならないということである。わたしは、今が、そのときであると考える」

今こそチャンス、と言われれば、うなずく理由はたしかにあった。スペイン制覇による西部戦線の解決に加え、その年はマケドニア王国との講和も成立していたのだ。マケドニアは結局、ローマによる封じこめ作戦を突破することができず、イタリアに上陸してのハンニバルとの共闘どころか、ローマとの間に単独講和を結ぶほうを選んだのであった。

また、その年のイタリア戦線にも、突かれてもしかたない弱みがあった。執政官を二人とも送りこんでいながら、カラーブリア地方にこもるハンニバルに歯も立たない一年であったからだ。スキピオはつづける。

「ちょうど五年前にこの同じ元老院議場で、わたしがスペインに派遣してくれと願ったときには反対もなく許されたことが、年齢も重ねた今に反対されるとはなぜだろう。

あのときのわたしが遭遇した困難は、今以上であった。父と叔父の戦死で壊滅も同然になったスペイン戦線で、それを盛り返したばかりでなく完全制覇にまでもっていった業績は、認められてよいことではないだろうか。

これまでは、カルタゴがローマに戦いをしてきた。これからは、ローマがカルタゴに戦いをする。ハンニバルがイタリアでやってきたことと同じことを、ローマ人がアフリカでやるのです。敵の本拠を突くのがいかに有効であったかは、ハンニバルが実証してくれたことでもある。

それに、ハンニバルの消耗を待つというが、彼はいまだ四十一歳だ。この後もわれわれは、どれほどの期間待つことをつづけなければならないのか」

次いで、三十歳は、七十歳に向って言った。

「ファビウス・マクシムス、あなたがわたしに忠告してくださったように、わたしはいずれ、ハンニバルと対決するでしょう。しかし、それは、彼が出てくるのを待っての戦場においてではない。わたしが彼を引きずり出した、戦場で行われる。わたしが彼を、会戦するしかないようにしてみせます。そして、それに勝っての褒賞《ほうしょう》は、カルタゴそのものだ。カラーブリア地方の、半ば壊れた城塞《じょうさい》などではない！」

元老院議場の空気は、これで相当に変った。だが、一変したのではない。ファビウスと考えをともにする人々とスキピオに同感する議員の数が、半々になっただけである。

この元老院の二分は、貴族対平民の二分ではなかった。ファビウス一門もスキピオの属すコルネリウス一門も、ローマきっての名門貴族である。元老院の二分は、出身階級によるのではなく、年齢によるものだった。高齢者たちはファビウスへの支持をつづけ、若い議員たちが、スキピオの考えに同意したのである。

高齢者だから、頑固なのではない。並の人ならば肉体の衰えが精神の動脈硬化現象につながるかもしれないが、優れた業績をあげた高齢者にあらわれる、頑固さはちがう。それは、優れた業績をあげたことによって、彼らが成功者になったことによる。年齢が、頑固にするのではない。成功が、頑固にする。そして、成功者であるがゆえの頑固者は、状況が変革を必要とするようになっても、成功によって得た自信が、別の道を選ばせることを邪魔するのである。ゆえに抜本的な改革は、優れた才能はもちながらも、過去の成功には加担しなかった者によってしか成されない。しばしばそれが若い世代によって成しとげられるのは、若いがゆえに、過去の成功に加担していなかったからである。

ファビウスは、ハンニバルに対して持久戦法に徹することで、ローマをささえてきた第一の功労者であった。その結果、ハンニバルは、「長靴のつま先」に追いつめられるまでになっている。このファビウスが、スキピオの考えの反対にまわったのも当然だった。

それにしてもなお、ファビウスとその協調者たちの頑固さは、柔軟性を失ってはいなかった。充分に現状認識能力をもっていた彼らは、膠着《こうちゃく》化しているカラーブリア地方の攻防に、何らかのやり方で血路を開く必要は感じていた。その結果、元老院の年長者たちの体面を傷つけることなく、かといって若年層の変革の意欲もそがずという、折衷的な妥協が成立したのである。

スキピオの任地は、シチリアと決まった。ローマの属州であるシチリアならば、防衛戦と決まっていなければイタリアの外には派遣すべきでないとする執政官の派遣先としても、問題はなかったからである。そして、シチリアに向うスキピオには、その次の年ならば、それも国家のために必要となれば、アフリカへ向う権利も認められた。

とはいえ、首都で二個軍団を編成する、執政官の権利は与えられなかった。スキピオに与えられたのは、シチリアの地で志願兵を募集する権利だけである。これは、執政官には当然与えられる、正規兵の指揮は許さないということでもあった。ということは、アフリカに遠征したとしても、それは公認された軍事行動ではないということだ。遠征が失敗に終っても、責任は元老院にはなく、彼個人に帰すことになるのだった。

普通ならば、この条件では受けない。だが、スキピオは、これでも受けた。紀元前二〇五年の春も待たずに、三十歳の執政官はシチリアへ発《た》った。同僚の執政官リキニウスの任地は、ハンニバルに対するカラーブリア地方である。この年のローマは、前年に投入した戦力より二個軍団少ない、十八個軍団の戦線投入を決めている。最も困難な時期に投入していた二十五個軍団に比べれば、昔日《せきじつ》の観さえする。ハンニバルを「長靴のつま先」に追いつめたこの時期は、戦略変更を考えるならば、やはり好機であったのだ。

紀元前二〇五年の春、いち早く任地のシチリア入りを果した若い執政官は、時を無駄にすることなく軍団の編成に着手した。

元老院からは、七千の志願兵に要する費用は認められている。人間を集めるのには、スキピオのスペインでの戦績が役に立った。また、元老院が与えた〝冷遇〟も役に立った。ローマ市民、同盟都市の市民の別なく、三十歳の武将の力を認め同情し、彼による現状打開に望みを託した人々が志願してきた。たちまち、六千二百の歩兵と三百の騎兵が彼の許《もと》に集まった。その中には、スペインでともに闘った帰還兵たちも少なくなかった。

人間だけでなく、アフリカ遠征に必要な物資の寄付を申し入れてきた、「ローマ連合」の同盟都市も多かった。トスカーナ地方のみを例にあげれば、アレッツォは小麦と投げ槍《やり》五万本、ヴォルテッラは船の建造用木材、タルクィーニアは帆布すべてをまかなうと申し出、ピオンビーノは鉄を供出すると申し出る。物資の寄付は、経費の節約を迫られているスキピオにとってはありがたかった。このようにして集まった六千五百の兵士と多量の物資に三十隻《せき》の軍船も、スキピオを追ってシチリアに到着した。

シチリアにはすでに、カンネの敗残兵を中軸とする二個軍団が駐屯していた。カンネでの敗北への罰というわけか、彼らはあの後もずっと帰宅を許されず、シチリア駐屯をつづけていたのである。とはいえ、もはや彼らは、敗残兵ではなかった。カンネ直後は、敗残兵であったかもしれない。だが、シラクサ攻略を担当したマルケルスの下で闘ったことで、敗北感が一掃されただけでなく、超ベテランの戦士に成長していた。そして、シチリアに〝島流し〟にされてから十年後のその年、彼らはスキピオを新しい司令官として迎えたのである。

スキピオも、紀元前二一六年にカンネで、ハンニバルの前から命からがら逃げたことでは彼らと同じだった。そのうえ、スキピオが結婚したばかりの妻の父親は、カンネの会戦当時の執政官の一人であり、会戦中に壮烈な戦死をとげたエミリウス・パウルスである。いまだに「カンネ軍団」と呼ばれるこの軍団に属すベテランの戦士たちは、別の武将を迎えるのとはちがう気持で、若いスキピオを迎えたにちがいない。

とはいえ、イタリア本土からの志願兵に「カンネ軍団」の兵士たちを合わせても、スキピオにはまだ兵が足りなかった。だが、彼には、これ以上の兵を国家の費用で集めることは許されていない。スキピオは、シチリア戦線担当という自分の地位が、属州シチリアの最高統治者も兼ねているという一点に眼をつけた。

シチリアは、第一次ポエニ戦役終了後から、メッシーナやいくつかの都市を除いてローマの属州になっていた。シラクサも、六年前のマルケルスによる攻略以後は、属州の仲間入りをしている。属州とは、自治は認められず、収益の十分の一を租税としてローマに納める代わりに、兵力提供の義務は免除されている。土地は没収されてローマの国有地になっているので、それを耕作したい者は借地料を払ってローマから借りることになる。「ローマ連合」に加盟している同盟都市とは、属州はちがうあつかいになっていた。

スキピオは、このシチリアの属州民に、没収されていた土地を返してやったのである。全員に返したのか、それとも一部の有力者にかぎって返したのかはわからない。また、どうやって法律の網の目をくぐったのかもわからないが、異例であり独断的処置であることはたしかでも、違法ではなかったようである。いずれにしてもこの処置は、借地料をローマに払わなくてもよくなったという物質的な利点以上のものを、シチリア人に与えるのに成功した。感謝した彼らは、経費自分もちでの兵役を志願してきたのである。これによって、スキピオの許に集まった全兵力は、二万五千の兵士と一万二千の船乗りになった。

しかし、シチリア人のものはシチリア人に返すという彼のやり方の最大の成果は、兵士の獲得よりも、シチリア全土の補給基地化であったろう。同盟国もないアフリカへの遠征を成功させるには、近距離に補給基地を確保することと、その基地と前線との間の補給線確保が、不可欠であったからである。

スキピオは、各地から集まった兵士たちの訓練も忘れなかった。彼の軍は、言ってみれば混成軍である。これらの兵たちを、新規の部隊別に組織しなおし、訓練しなおす必要があった。スペインで行ったのと同じ、スケジュールにそっての訓練がはじまる。ベテランも志願兵も新兵も、総司令官のスキピオが望む型の戦士に変ることが求められた。スキピオの頭脳が考える戦術を、手足のごとくに実施してくれる戦士たちに。

毎日を兵士に混じって過しながらも、三十歳の執政官は、北アフリカに関する情報収集も忘れていなかった。カルタゴとは近いシチリアには、アフリカにくわしい住民が少なくない。スキピオの夜は、この人々からの話を聴くのに費やされた。また、直接の情報集めのほうは、親友であると同時に副将でもあるレリウスに一任された。艦隊を率いてカルタゴ以外の北アフリカ沿岸をまわるレリウスには、情報収集の他に、ヌミディア騎兵の帰趨《きすう》を決める力をもつ、シファチェとマシニッサとの連絡も課されていた。

アフリカ遠征の準備に没頭していたスキピオだったが、好機は常に逃さない彼の気性は、その間でも発揮される。

カラーブリア地方の海港都市ロクリが、内通によってローマ側にもどるかもしれないという情報を得たスキピオは、ただちに三千の兵を率いてロクリに向った。これを知ったハンニバルが駆けつけてきたときは、すでに遅かった。ローマの制海権の網の目をくぐり、まれにではあってもハンニバルへの支援船団を迎え入れていたロクリも、十年ぶりにローマの支配下にもどったのである。「長靴のつま先」に追いつめられていたハンニバル包囲網は、これでまた一段とせばまったことになった。

だが、このロクリへの電撃作戦の成功は、元老院の年長派を刺激しないではすまなかった。元老院には許可も求めずに、勝手に担当地域の外に軍隊を送ったことをとがめられたのである。元老院は、尋問のための調査団まで派遣するという怒りようだったが、スキピオのほうは気にもとめなかった。元老院の非難のほうも、迫力がなかった。対ハンニバルの戦線を担当している執政官リキニウスが、四個軍団も与えられていながら、まったく戦果をあげていなかったからである。追いつめられはしても、カルタゴの獅子《しし》は、ローマの並の武将あたりには手も出させはしなかった。


翌、紀元前二〇四年の春、前執政官《プロコンスル》の資格で軍団の絶対指揮権《インペリウム》の更新を認められたスキピオは、全軍を率い、シチリアの西端にあるマルサラを後にした。四十隻の軍船に護衛される四百の輸送船には、二万六千の兵士たちと、その兵士たちの当座用としての四十五日分の食糧と水が積みこまれている。そのうちの十五日分は、料理ずみの食糧だった。

マルサラからチュニスまでは、現代の船旅ならば八時間で着ける距離である。二千二百年昔でも、順風に恵まれさえすれば、一昼夜の航海で充分だった。

この海域の制海権は、第一次ポエニ戦役以来ローマがにぎりつづけている。だが、風向きとなると、制海権とは無関係だ。それで、首都カルタゴの西方に位置する岬を目指していたのが、夜が明けてみると東方に突き出た岬に着いてしまった。おかげで、はるか奥には首都カルタゴのある広い湾を、東から西に横断することになってしまったのである。だが、このハプニングも、ことなきを得た。カルタゴ艦隊が出動し、海戦を挑むようなことをしなかったからである。それで、ローマの大軍を久しぶりに眼前にしてあわてることとしか知らないカルタゴ人をしりめに、スキピオとその軍は、カルタゴ第二の都市であるウティカの近くに上陸を果した。

しかし、全軍の無事上陸という難事は乗りこえたものの、アフリカに着いたスキピオを待っていたのは悪い知らせばかりだった。

まず、ヌミディア王のシファチェが、スキピオからの同盟申し出を受けるどころか、決定的にカルタゴ側についたという知らせが入っていた。カルタゴは、スペインでスキピオ相手に敗北を喫したカルタゴの武将ジスコーネの娘を妃《きさき》に与えることで、ヌミディア王の懐柔に成功したのである。その娘は絶世の美女で、マシニッサの許嫁《いいなずけ》であったのを破談にし、シファチェに嫁がせたのだった。

また、スキピオが望みを託していたもう一人のヌミディア人マシニッサだが、父親の死の直後にシファチェに王国を侵略され、許嫁を奪われただけでなく王国もない王に一変していた。

優秀な騎士の産地ヌミディアは、二つの王国に分れていたのだが、今や一王国しかないのと同然である。そして、その一王国はカルタゴ側に付いてしまっていた。

二百騎のみを従えてスキピオの前に姿をあらわしたマシニッサは、砂漠の一匹狼《おおかみ》を思わせる精悍《せいかん》な風貌《ふうぼう》を崩しもせず、スキピオの眼にじっと視線をあてながら言った。

「あなたは、二年前にわたしとの同盟を望んだが、今のわたしには、あなたに提供できるものはこのわたししかない」

スキピオは、内心では落胆していたろうがそれは毛ほども見せず、いつもの人なつこい微笑で包みこむようにして答えた。

「わたしには、それで充分だ」

この瞬間、三十四歳のヌミディア人と三十一歳のローマ人の間に、男の友情が生れた。

スキピオはこのマシニッサを、二百騎しかもたない外国人とはあつかわなかった。

これ以後のスキピオの戦略戦術は、スキピオとマシニッサと、これまでのすべての戦線をスキピオと共有してきたレリウスも加えた、いずれも三十代の男三人の共同作戦で実現していくのである。親友というものを生涯知らないで過したハンニバルとは、ここがスキピオのちがう点であった。

ハンニバルがイタリアでやったことと同じことを自分はアフリカでやる、と公言してアフリカに乗りこんできたスキピオだったが、アフリカ進攻の第一年目は、ハンニバルのそれとは反対に、戦果の貧弱な年になってしまった。カルタゴ第二の都ウティカ攻城戦も、四十日で包囲を解いている。マシニッサに指揮をまかせた騎兵団が、周辺の略奪と焼き打ちに活躍したが、これだけでは戦闘とも呼べなかった。

貧弱な年になった最大の理由は、カルタゴ側に迎え撃つ動きが希薄なことにあった。少数を除けば自らは軍役に就く習慣をもたないカルタゴ人にとっての戦争は、第一次ポエニ戦役中にシチリアで行われたものだけだった。第二次ポエニ戦役になっても、ハンニバルはイタリアで闘い、他にはスペインが戦場になったくらいで、一般のカルタゴ人は戦争を知らないで生きてきたのである。この幸運は、カルタゴ人を、危機に直面しても実情がつかめず、ために打開の策を見つけることが不得手な国民にしていた。ローマ軍上陸の知らせに大あわてしながら、迎え撃つ軍の編成にさえ数ヵ月も要したのはこれに原因がある。それでも、到着した傭兵《ようへい》で編成されたジスコーネ率いる三万三千のカルタゴ軍と、シファチェ率いる六万のヌミディア軍の共闘体制は成った。とはいえこれも、紀元前二〇四年の秋が終る季節に入ってからである。ということは、戦闘は翌年にもち越されるということでもあった。

ただし、アフリカでのスキピオの貧弱な戦果も、北部イタリアで起ったことに元老院の関心が集中していたので、目立たないですんだのである。

ハンニバルのこもる南伊への支援がローマの制海権にはばまれて不可能と見たカルタゴ本国は、その前年である紀元前二〇五年の秋に、ローマ海軍の監視のおよばない北伊のジェノヴァに支援軍を上陸させていた。ハンニバルの末弟マゴーネが率いる、一万四千の兵と象と兵糧《ひょうろう》である。そして、マゴーネは、前二〇四年の春を期して、イタリア南下を狙《ねら》ったのだ。もちろん、兄との合流が目的だった。

これを知った元老院は、ハンニバルの次弟ハシュドゥルバル侵入時同様の、臨戦態勢を布《し》いた。執政官一人と法務官二人に率いさせた、六個軍団を北上させる。だが、紀元前二〇七年のハシュドゥルバルのときとは、前二〇四年はちがった。イタリアでのカルタゴ勢の衰退を見たガリア人が、マゴーネ軍への参戦を拒否したのだ。マゴーネ軍を迎え撃ったローマの三将はいずれも凡将だったが、予定の戦力をもてなかったマゴーネに勝つことはできた。重傷を負ったハンニバルの末弟は、ジェノヴァにもどって出てこなくなった。

また、カラーブリア地方にこもるハンニバルにも、積極的な動きは一つも見られなかった。あいかわらずローマ軍には一歩も近づかせなかったが、彼のほうも一歩も出てこなかったのである。

この膠着状態を破ったのは、やはりアフリカ戦線だった。

ハンニバルがイタリアに進攻し、第二次ポエニ戦役がはじまったのは紀元前二一八年である。その年、スキピオは十七歳。そして、戦役の主導権が完全にハンニバルの手中にあった時期は、前二一八年から前二一〇年までの八年間である。前二一〇年、スキピオは二十五歳になっている。つまり、スキピオや彼の副将レリウスの世代は、ハンニバルの圧倒的な影響下で育った世代であるといえる。

それまでのローマの武将は、フェア・プレイをもっぱらとする人々だった。フェア・プレイによって勝つことが、彼らの誇りでもあった。そのローマ人に、ハンニバルは、策略によって勝つのも勝利であることを教える。フェア・プレイで通しても、負けたのでは何にもならないことを教えたのである。そして、それを最も率直に吸収したのは、スキピオの世代のローマ人たちであった。

スキピオの属す一門の名にちなんで「コルネリウス陣営地」と名づけられた陣営で冬越しに入ったローマ軍とは、十キロの距離をへだてるだけの地点に、カルタゴ・ヌミディア連合軍の冬営地があった。

冬が過ぎれば春が来る。春が来れば、戦闘開始は必至だ。スキピオの軍勢は、二万六千。カルタゴ・ヌミディア連合軍は、九万三千だった。三十一歳になるローマの新世代は、冬期の自然休戦期を活用することに決めた。

ヌミディア王シファチェには、スキピオはスペイン制覇時にすでに、ローマとの同盟の誘いをかけていた。シファチェの求めに応じて、アルジェリアまで隠密行《おんみつ》を決行し会談までしている。結局その試みも無駄に終ってシファチェは今やカルタゴ側だが、十キロの距離にいることも事実だった。

スキピオは、このシファチェとの間に連絡を再開する。暗示ではあったが、カルタゴとの間に名誉ある講和を望んでおり、その仲介をヌミディア王にしてもらえないであろうか、と匂《にお》わせてであった。

これに、シファチェが乗った。妻の縁からカルタゴ側についているシファチェだが、マシニッサも追い出してヌミディア全土の王になっている今の彼にとって、カルタゴ側で参戦しても得るものがなかったのだ。また、王国と絶世の美女の妻というすべてをもった彼を、互いに強国であるカルタゴとローマの仲介をするという虚栄心がくすぐった。

スキピオからの使節に会ったシファチェは、ただちに、二キロの距離をおいて冬営中のジスコーネにも、スキピオの意向を伝えた。イリパの会戦でスキピオに散々な敗北を喫しているジスコーネは、政府の命令で出陣はしたものの、スキピオ相手に闘いをかまえるのに乗り気でない。このジスコーネの同意を得たシファチェは、本格的に仲介に乗り出してきた。

ヌミディア王の提示した講和の内容は、スキピオはアフリカから退去し、ハンニバルはイタリアから退去し、以後ローマとカルタゴは互いの主権を尊重し合う関係を再建する、というものである。

一見穏当そのものだが、はじめて攻めこまれているカルタゴは同意したとしても、ローマ側は承服しそうもない内容である。十五年にわたる戦争で国土の半ばを荒らされ、十万人以上もの兵士を失い、執政官クラスに限ったとしても、十人もの司令官を戦死させているローマだ。とうてい承服できるものではなかったが、スキピオは、即座にはこれを拒否しなかった。交渉のための使節を送りたい。これが彼の、シファチェへの回答だった。

ヌミディア軍の冬営地と「コルネリウス陣営地」の間を、スキピオの使節の往復がはじまった。講和締結へのスキピオの関心の強さを信じたシファチェは、使節にもねんごろに応対する。スキピオは、使節には将官クラスの名ある貴族出身者を送ったが、その使節に随行する従者や馬丁は、本物の従者や馬丁ではなかった。奴隷の服装を身にまとってはいても、歴戦の将官や百人隊長であったのだ。

交渉は長びいた。いや、わざと長びかせた。講和の交渉中は自然休戦期でなくても休戦になるので、その間に敵に攻められる心配はない。また、交渉が長びき、使節の往復の回数が増せば増すほど、従者や馬丁に扮《ふん》している歴戦の戦士たちの、敵陣の状況視察も確かなものになる。使節ならば王の陣幕に直行しなければならないが、従者や馬丁ならば、待つ間にも敵の陣営内を自由に歩けるからだった。シファチェは、奴隷と思いこんでいる従者や馬丁の自由までは束縛しなかった。

このようにして冬が過ぎ春が訪れる頃になって、もはや敵のすべてを知ったスキピオは、ヌミディア王の許《もと》に最後の使者を送った。自分は同意に傾いているのだが、作戦会議に連なる将官たちの多くが不同意ゆえ、講和の交渉は打ちきらざるをえない、と書いた手紙をもたせてである。そして、前年につづいてのウティカ攻撃を、いかにも再開するかのように見せた包囲陣形を布いた。だが、カルタゴ第二の都市ウティカを攻めるというのに、全戦力の三分の一しか投入していないことに、ジスコーネもシファチェも注意を払わなかった。

夜襲の計画は、地勢にくわしいマシニッサも加えて、スキピオとレリウスの三人で練られた。彼ら以外の将官たちに知らされたのは、決行の当日の午後になってからだった。

ウティカ攻撃を装《よそお》った三分の一の軍勢は、陣営地の守りに残される。残りは二分され、第一軍はスキピオ自らが率い、カルタゴ軍の陣営地を夜襲する。第二軍は、レリウスとマシニッサが率い、ヌミディア陣営を襲うと決まった。

夜間の奇襲は、第二軍の攻撃で火ぶたが切って落される、とも決まる。ヌミディア陣営地の作りが、石や土でなくて木材と葦《あし》で造られており、それだけに燃えやすいか

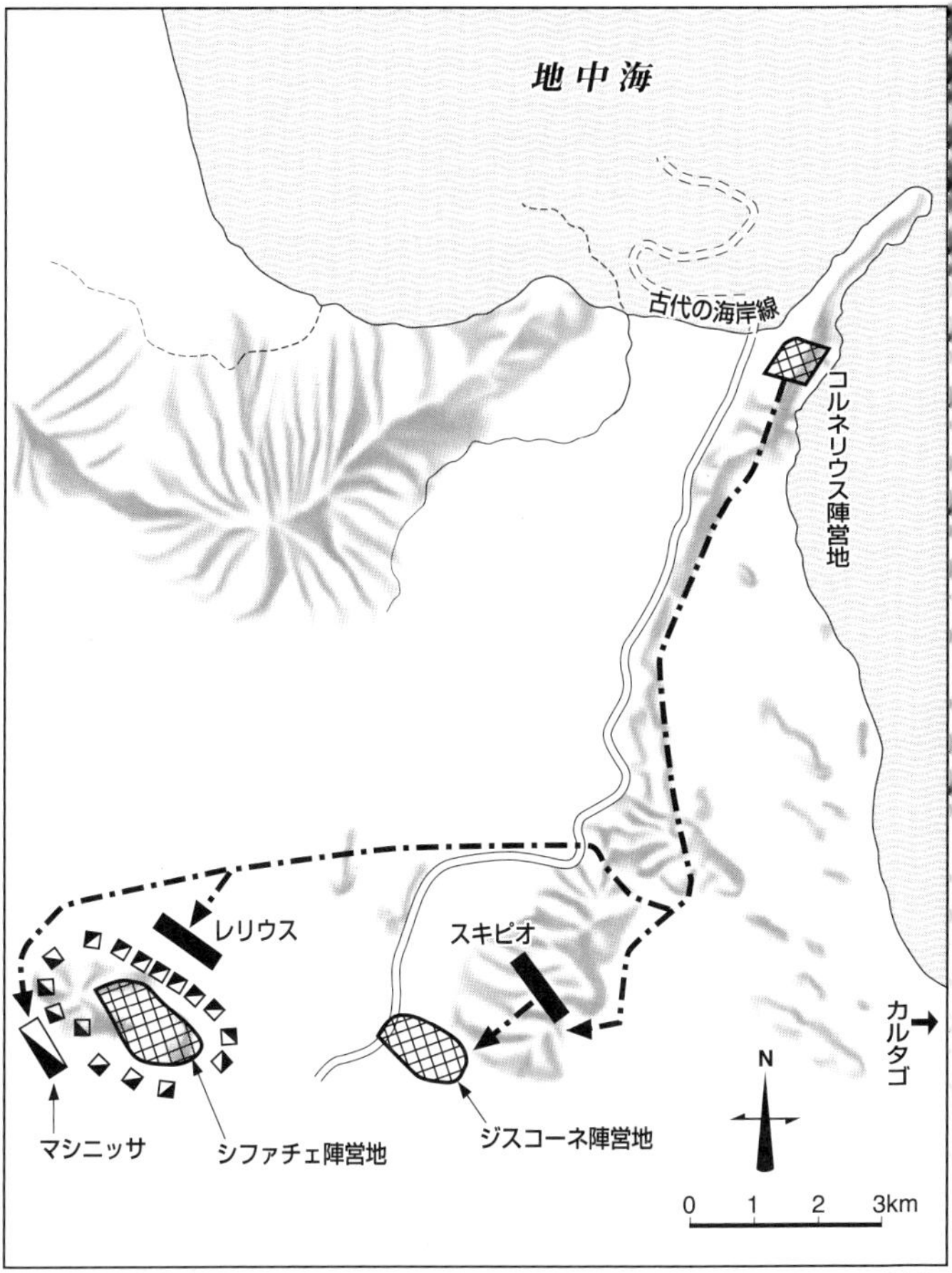

スキピオの奇襲（LIDDELL HART, “Scipio Africanus: Greater Than Napoleon” より）

らだった。この方面で火の手があがったのを見て、闇《やみ》の中に待機していたスキピオの軍が、カルタゴ陣営地に攻撃をかけるのが手はずだ。両陣営の間には二キロの距離があったが、平原ゆえに見通しがきいた。

ローマの軍団では、日没から日の出までを四等分して、夜間の歩哨《ほしょう》も四交替する。歩哨の勤務時間は、季節によってちがったとしても、普通は三時間になる。それゆえ、夜間の時間は何時と数えるのではなく、第一歩哨期、第二歩哨期、第三歩哨期、第四歩哨期と数える。夜襲決行の日、総司令官スキピオから夜襲に参加する全指揮官に、第一歩哨期の交替期、つまり夜の九時に、兵士たちを陣営外に集結させよとの命令が発せられた。

その時刻きっかりに、夜襲軍は陣営を後にする。道の半ばまでは、全軍はともに進む。そこで、二手に分れた。レリウスとマシニッサの率いる第二軍が、ヌミディア陣営前に到着する時刻は、第三歩哨期の終る時刻、つまり夜中の三時と計算されている。計算どおりの時刻に敵陣営前に着いた第二軍は、ただちに敵陣を囲んだ。

四方八方から突然に降ってきた火矢によって、材木や葦で作られていた兵舎はたちまち燃えあがった。大軍を収容するために各兵舎の間隔もほとんどないほど密集して建てられていたので、火のまわり方の早さは風の吹くよう。延焼は、延焼を呼んだ。火事かと思ったヌミディア兵たちは、武器ももたずに兵舎からとび出し、陣営地の柵《さく》を越えて外へ逃れる。それを、待ちかまえていたローマ兵が襲った。敵がいると知った兵士たちは、今度は陣営内にとって返す。それを、火炎が迎える。火と敵兵にはさみ撃ちにされたヌミディアの兵士たちの混乱は頂点に達し、ローマ兵の槍《やり》に突き殺された者よりも、味方の兵の下敷になって圧殺された者のほうが多かった。ヌミディア王シファチェの陣営地には、六万の兵がいたのだ。

この陣営地で火の手があがったのを、スキピオ率いる第一軍とともに、カルタゴ軍の陣営地の兵たちも気づいた。だが、彼らもはじめは、単なる火事と思いこんだ。陣営地の柵の上によじ登って、見物する者までいた。だが、ここにも火矢の雨が降ってくるまでには、時間はかからなかった。

その後はすべて、ヌミディア陣営地で起きたことと同じことが、カルタゴ陣営地でも起きる。この夜の奇襲で、カルタゴ・ヌミディア両軍合わせて、三万人が死んだ。それでも、ジスコーネとシファチェの両司令官は、手勢に守られての脱出に成功する。ジスコーネは首都カルタゴに逃げ帰り、シファチェも自領のヌミディアに逃げもどった。火炎からも圧殺からもローマ兵の槍からも逃れることのできた兵士たちは、四方八方にクモの子を散らすように逃げ去った。夜中ゆえ、スキピオも追撃をあきらめる。それでも、夜襲は大成功だった。味方には、死者は一人も出なかった。

しかし、春のはじめのこの奇襲で一敗地にまみれたカルタゴも、春も盛りの頃には気をとり直していた。逃げ散っていた残兵ももどってきた。また、首都の港には、新たに傭《やと》ったスペインからの傭兵四千も到着した。すべてを合わせれば、カルタゴ側の戦力は三万になる。そして再び、ヌミディア王への参戦の要請が送られた。妻の嘆願に抗しきれなかったシファチェは、再度軍を率いてカルタゴ側で参戦することを承知する。だが、その彼に従う兵力は減っていた。

夏のはじめ、ヌミディア王国に近い内陸部の平原で、カルタゴとヌミディアの両軍は合流した。合流地点がかくもヌミディア領に近い場所になってしまったのは、スキピオの夜襲で多くの兵を失ったシファチェが、参戦に承知はしたものの出陣はしぶっていたからである。再びカルタゴ軍の指揮をまかされていたジスコーネは、軍勢の圧力で出陣を強いるしかなかったのだ。

敵の合流を知ったスキピオは、敵が攻めてくるまで待たなかった。全軍を率いて、その地へ向った。ローマ軍の兵力はカルタゴ・ヌミディア連合軍の半ばにも満たなかったが、彼は会戦で勝負する気だった。

　両軍の布陣を見ただけならば、定法どおりの陣形と誰もが思ったことだろう。だが、戦闘が開始されて以後は、定法どおりに闘いを進めたのは、ジスコーネとシファチェの側だけであった。

　まず、定法どおりならば軽装歩兵同士の激突ではじまる戦端が、ローマ側の騎兵の猛攻で火ぶたが切って落された。シファチェ率いる優秀なヌミディア騎兵の戦闘力も、先手を打たれては勢いも落ちる。思わず後退したところをさらに追撃され、カルタゴ・ヌミディア連合軍の中央を占める歩兵軍団の両脇が、完全に空いてしまった。

　その瞬間を、スキピオは待っていた。彼の命令一下、シチリアにいた頃から充分な訓練を積んでいる歩兵が、隊形も乱さずに命令どおりの攻撃を開始する。

　敵軍の中央の攻撃を軽装歩兵と重装歩兵前衛のハスターリがささえている間に、重装歩兵中央のプリンチペスは敵歩兵の右脇にまわり、後衛のトリアーリは左脇にまわりこんだ。三方を囲まれた敵の歩兵は、動く余地すらせばめられつつある中で、闘うことも充分にできない。スペインから到着したばかりの四千の傭兵は全滅。その他の歩兵の多くも、戦場に屍《かばね》の山を築いた。

　それでも、騎兵の戦力ではカルタゴ・ヌミディア連合軍のほうが優れている。騎兵

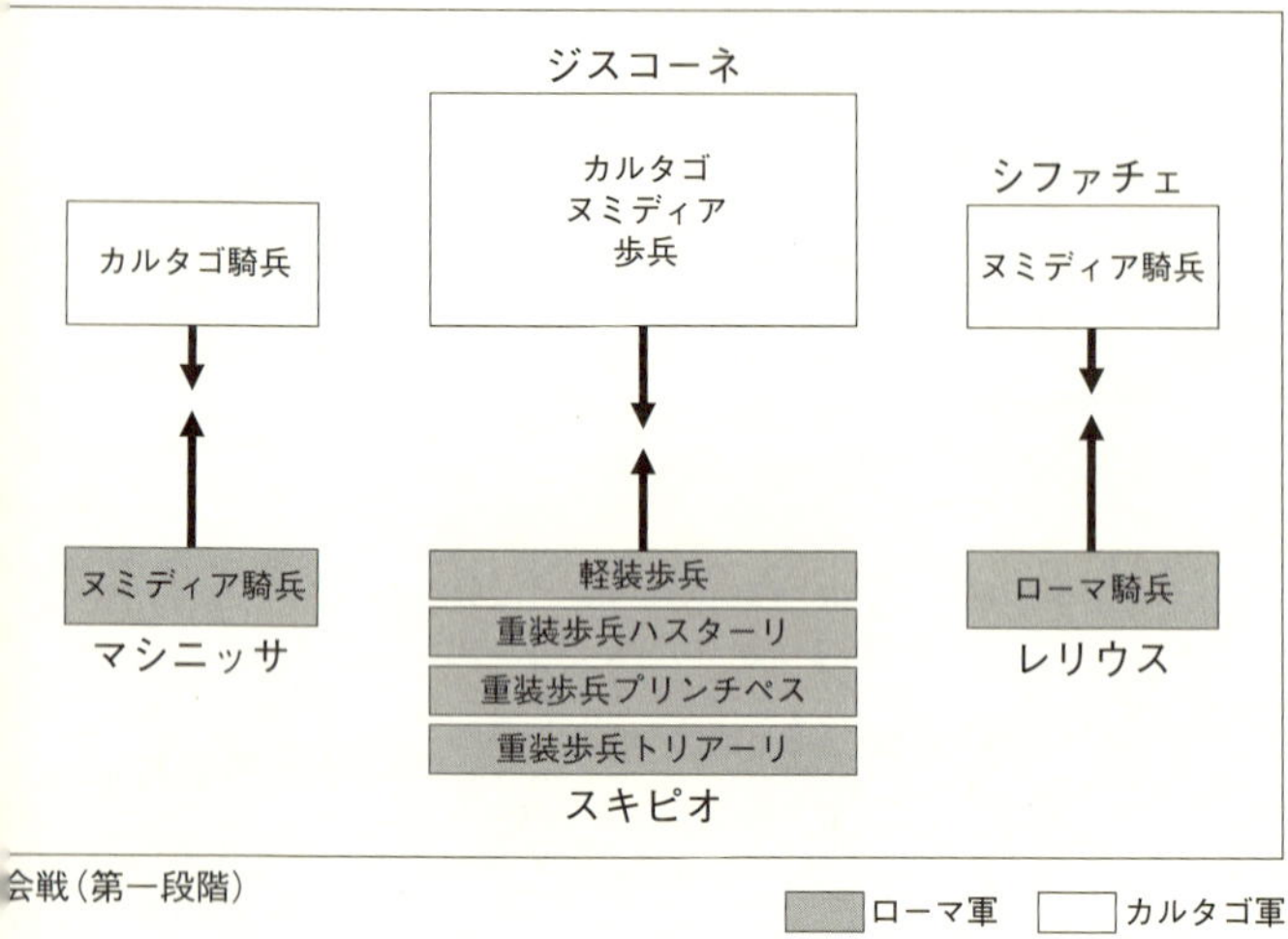
ジスコーネ
カルタゴ
ヌミディア
歩兵
シファチェ
カルタゴ騎兵
ヌミディア騎兵
ヌミディア騎兵
マシニッサ
軽装歩兵
重装歩兵ハスターリ
重装歩兵プリンチペス
重装歩兵トリアーリ
スキピオ
ローマ騎兵
レリウス
ローマ軍
カルタゴ軍
会戦（第一段階）

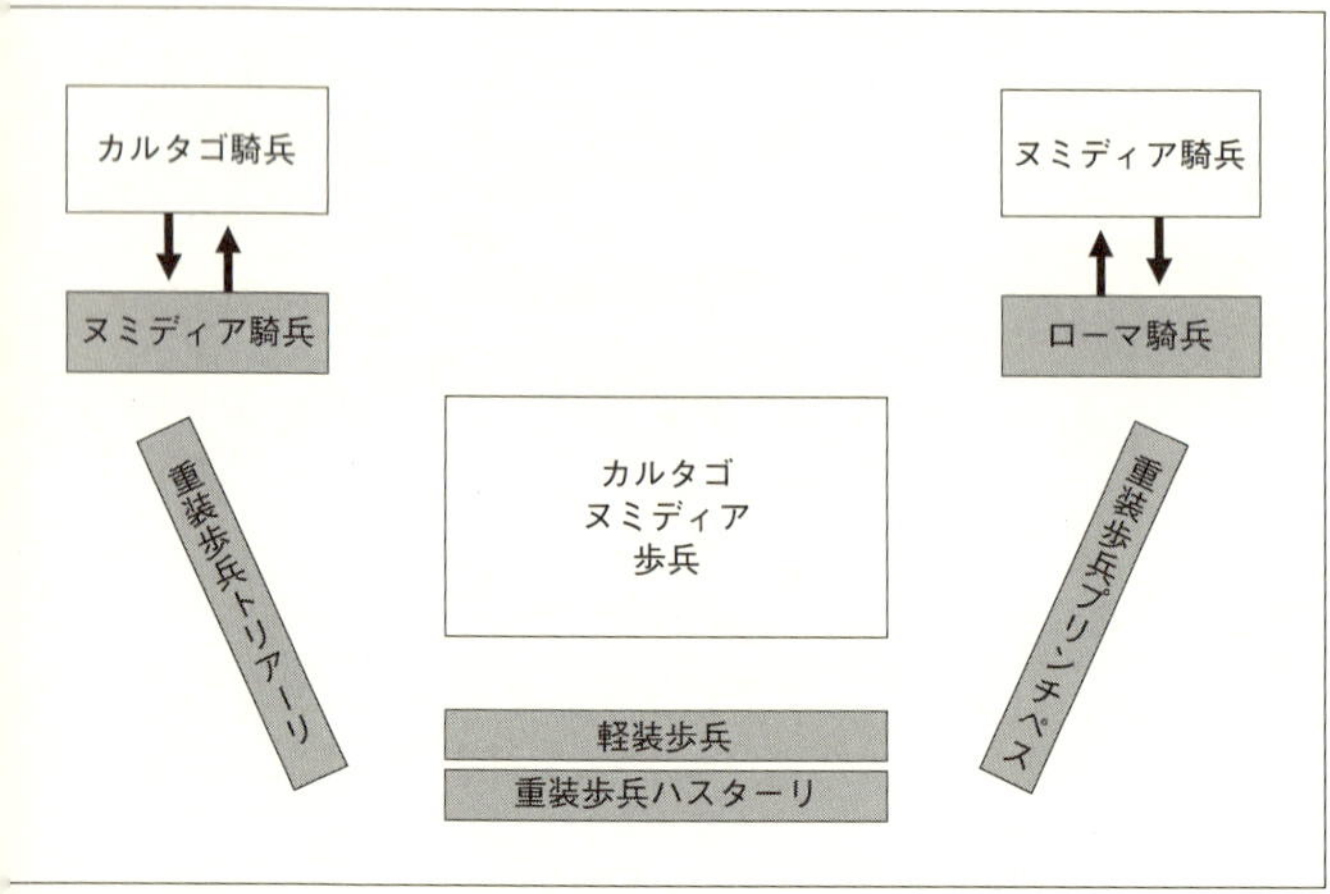
カルタゴ騎兵
ヌミディア騎兵
ヌミディア騎兵
ローマ騎兵
重装歩兵トリアーリ
カルタゴ
ヌミディア
歩兵
重装歩兵プリンチペス
軽装歩兵
重装歩兵ハスターリ
会戦（第二段階）

同士の闘いに決着がつかず、四面ともの包囲作戦は実現しなかった。空いていた後方から、ジスコーネもシファァチェも敗走に成功する。ジスコーネは首都カルタゴに逃げもどり、シファァチェは、ヌミディア領内に逃げこんだ。

しかし、その日のスキピオは、追撃の手をゆるめなかった。レリウスとマシニッサの率いるローマ軍の騎兵は、シファァチェを追ってヌミディア領内に侵入する。追いつかれたヌミディア王は、ローマ軍の捕虜になった。

王を捕虜にした後も、スキピオの命令どおり、二人は前進をやめなかった。この機にヌミディア王国を再復したいという、マシニッサの想いをくんでの行動だ。ヌミディア王国の首都も、鎖につながれたシファァチェを見せられて、城門を開いた。

王宮に入ったマシニッサの前に姿をあらわしたのは、シファァチェの妃《きさき》である。マシニッサにとっては、かつての許嫁《いいなずけ》だった。マシニッサは迷わなかった。このソフォニズバと結婚式をあげた。彼はもはや、王国をもたない王ではなかった。

陣営地にもどってきたマシニッサを迎えて、王国再復には祝いをのべたスキピオだったが、敵の妃と結婚したことについては同意しなかった。三十二歳のローマの武将は、三歳年上のヌミディア人の親友に向って言った。

「シファチェは、いったんわたしに与えた約束を反古《ほご》にしてカルタゴ側に付いて闘った罪で、ローマに護送しなければならない。王がローマのものになったということは、その王の持物すべてがローマのものになったということだ。わたしには、ソフォニズバだけを例外にすることは許されない。彼女も、ローマに護送しなくてはならない。だが、心の友であるあなたの妻に、そのような処遇を与えることはとてもできない」

無言のままスキピオの前から去ったマシニッサは、ヌミディアに置いてきた新妻の許に、一通の手紙と、彼が肌身離さずもち歩いていた毒薬をもたせた使いを送った。手紙には、次のことが書かれてあった。

「妻の身を守るのが夫の義務の第一だが、わたしにはそれさえもできなくなった。そして、それを果せなくなった今、第二の義務を果すしかない。妻が不幸な境遇に落ちないよう努めることだ。それには、手紙とともに持たせたものに頼るしかない」

ソフォニズバは、手紙を読み終った後で毒杯をあおった。夫からの結婚の贈物を受けましょう、と言っただけだった。

失意に沈む友の気を引き立てるためにも、スキピオは、集合させた兵士全員の前で、マシニッサがヌミディア王国の王になったことと、ヌミディア王国が今後とも、ローマの同盟国になったことを公表した。そして、今までは自分だけが使っていた、執政官用の紅の陣幕を彼に贈った。

スキピオからの報告を受けたローマの元老院も市民集会も、このスキピオの処置を承認し、アフリカの地でのはじめてのローマの同盟国の誕生を祝った。ローマに護送されて後のシファチェは、イタリアの小都市で監視つきの隠遁《いんとん》生活を送った末の自然死を迎える。


自国領内での最初の会戦で敗北を喫したカルタゴは、そのようなことには慣れていなかったこともあって、完全なパニック状態に陥ってしまった。政府内でも意見が分裂し、統一した方針も立てられないでいた。

一部の人々は、艦隊を出動させてローマの軍船を攻撃すべきだと、積極戦法を主張する。

別の一部は、首都をめぐる城壁を修復し、籠城《ろうじよう》戦にそなえようと主張した。

それ以外の人々には、スキピオに講和を申し入れようという者がいる。

また、ハンニバルを呼びもどしてローマ軍と闘わせようという声も大きかった。

このうちのどれを選択するかを決められず、結局は四つともを同時進行させることになった。その頃には季節のほうも、秋に入ろうとしていた。

ハンニバルのいる南イタリアのクロトーネと、マゴーネのいる北イタリアのジェノヴァの両方に、本国帰還を命ずる政府の公式文書をもった使節が急派された。

同時にスキピオには、講和を結びたい意志とそのための交渉をはじめたいと伝える、使節が派遣される。スキピオは、一日考えた後で、使節にいくつかの条項を示し、これを交渉の基盤とするのにカルタゴ政府が同意するならば、講和の交渉に入る準備はあると答えた。スキピオの提示した条項は、次のものである。

一、ローマは、カルタゴの自主独立と自治権を認める。

二、イタリアとアルプス以南のガリア地方にいるカルタゴ軍は、全員が退去すること。（これは、ハンニバル兄弟の退去を意味していることはもちろんだ）

三、スペインでのカルタゴの利権の、完全放棄。

四、マシニッサの王国を認め、その主権を尊重すること。

五、二十隻《せき》を除くすべての軍船を、ローマ側に引き渡すこと。

六、講和の交渉期間中、カルタゴはアフリカにいるローマ軍の兵糧《ひょうろう》をまかなう。

七、賠償金として、五千タレントをローマに支払う。

これらの条項から推測するに、この時点でのスキピオは、本気でカルタゴとの講和締結を考えていたのではないかと思われる。彼のアフリカ遠征の第一目的は、ハンニバルをイタリアから引き離すことにあった。戦闘は、それもとくに平原であい対する会戦方式の戦闘は、いかに事前に準備を整え詳細に戦術を練ろうと、所詮《しょせん》は賭《かけ》である。ハンニバル相手に、すき好んで賭をする者はいない。それに、これ以後の言動が実証するように、スキピオは武闘一点張りではなくバランスのとれた性格の持主であり、それゆえに狂信的な性向のまったくない男であった。

仇を討つ、という感情くらい、彼にとっては無縁なものもなかったのではないか。父の死の張本人であったマシニッサも、今では彼の同志に変っている。五千タレントの賠償金も、購買力を計算することで実に大雑把な換算を試みれば五十億円程度ではなかったかと思うが、それも、三十年か五十年の分割払いが通例だ。本国の農園経営だけで年に一万二千タレントの収益があったというカルタゴにとっては、支払いも困難な額ではなかったにちがいない。問題はただ一項、二十隻の軍船しか所有を許さないとした、実質上のカルタゴ海軍の解体についての条項であったろう。

政府内でどのような討論がなされたかは不明だが、和戦両面作戦をとるカルタゴ政府は、この条項のすべてを受け入れた。ローマとカルタゴは、こうして、講和を前提にした休戦に入った。

帰還命令を受けとったマゴーネは、全軍を船にのせ、ジェノヴァを発《た》ってカルタゴに向った。だが、前年の重傷が癒《い》えなかったマゴーネは、南下する船団がサルデーニャ島の沖合いにさしかかった頃に、船上で死を迎えた。総司令官を失った軍勢は、それでも無事にカルタゴに入港する。

弟と同様に本国への帰還を命じられたハンニバルが、どのような想いでそれを受けとったかを記した、記録も史書も存在しない。その年、彼は四十四歳になっている。イタリアに進攻してから、十六年が過ぎようとしていた。

私的なエピソードをほとんどと言ってよいくらいに残さなかったハンニバルなので、後世の私たちにとっては、これほども表情を捕えることのむずかしい男もいない。とくに、彼に十六年間もつき従ってきた兵士たちが、どのように彼を見ていたのかを探るに役立つ記述にいたっては、まったくと言ってよいほどにない。だが、ただの一箇所ならばある。ハンニバルに同行していたシレヌスの記録を参考にしたという、リヴィウスの著作の中の一箇所だ。個人ハンニバルを眼前にする想いにさせてくれるその部分を、直訳すると次のようになる。

――寒さも暑さも、彼は無言で耐えた。兵士のものと変らない内容の食事も、時間が来たからというのではなく、空腹を覚えればとった。眠りも同様だった。彼が一人で処理しなければならない問題は絶えることはなかったので、休息をとるよりもそれを片づけることが、常に優先した。その彼には、夜や昼の区別さえもなかった。眠りも休息も、やわらかい寝床と静寂を意味はしなかった。

兵士たちにとっては、樹木が影をつくる地面にじかに、兵士用のマントに身をくるんだだけで眠るハンニバルは、見慣れた光景になっていた。兵士たちは、そのそばを通るときは、武器の音だけはさせないように注意した。――

スペインにいた当時に原住部族の長の娘と結婚し、息子も一人いたというハンニバルだが、イタリアに進攻して以後の彼には、女の気配がまったく漂わない。長年、勝者であった彼のことだ。望む望まないにかかわらず、女に不足する立場にはなかったはずなのだが。

ローマが考え実行した補給線切断の作戦が成功して、十六年の間にハンニバルが補給を受けることができたのは、わかっているだけにしてもただの二回である。その間、彼は、三万はいた軍勢をどうやって維持したのであろうか。

豊かな小麦の産地であるプーリア地方を手中にしていた当時ならばいざしらず、「長靴のつま先」に追いこまれて以後は、どうやって兵士たちを食べさせていたのか。これに解答を与えることのできた歴史家も研究者も、現代に至るまで一人もいない。

山岳地帯であるカラーブリア地方は、現代イタリアでも最も貧しい地方である。この地方が豊かであったのは、クロトーネやロクリなどのギリシア植民都市が、貿易港として繁栄していたからだった。これらの海港都市も、ハンニバルの支配下に入ってからは、制海権をにぎるローマ海軍によって、通商に出向くことすらかなわなくなっている。これらの都市や郊外の農村からの略奪に頼ったとしても、三万の人間の口を満たしつづけることはむずかしい。

それでいて、たった一度四千の兵が攻められてローマ軍に投降した以外は、まったく一人も、ほんとうに文字どおり一人も、ハンニバルを見離した兵士はいなかったのである。

アフリカ、スペイン、ガリアと、言葉さえも通じ合えない兵士たちの混成軍が、ハンニバルが率いていた軍であった。しかも、ローマ軍の追いこみの輪が縮まるにつれて物資も不足になる頃には、報酬を与えることすら容易ではなくなってくる。市民兵として、市民であることの義務で軍務につくローマ兵とはちがって、ハンニバルの兵士たちは傭兵《ようへい》だった。給料も支払えない司令官などは、見捨てるのが当り前の傭兵たちであったのだ。

人なつこく開放的で、会った人は敵でさえも魅了せずにはおかなかったというスキピオとは反対に、ハンニバルには、打ちとけた感じは少しも見られない。兵士たちの輪の中に入るなどということは、彼にはまったくなかった。

それでいて兵士たちは、追いつめられても孤高を崩さないハンニバルに、従いつづけたのである。なぜだろう。

マキアヴェッリの評するように、その原因は彼の厳しい態度への畏怖《いふ》の念にもよったろうが、それと同時に、天才的な才能をもちながら困難を乗りきれないでいる男に対しての、優しい感情にもよったのではないだろうか。彼に許されたわずかな休息を、武器の音だけはさせないようにすることで、邪魔してはいけないと注意する優しさによって。

優れたリーダーとは、優秀な才能によって人々を率いていくだけの人間ではない。率いられていく人々に、自分たちがいなくては、と思わせることに成功した人でもある。持続する人間関係は、必ず相互関係である。一方的関係では、持続は望めない。

ハンニバルが帰還命令を受けとったクロトーネの港町から南にのびた岬の上に、この辺一帯のギリシア系住民の信仰が厚い、女神ヘラに捧《ささ》げられた壮麗な神殿が立っている。現代では円柱を一本残すだけだが、古代では、その美しさで有名な神殿だった。

青い空と海を背景にして岬の先端に立つ白亜の神殿は、それを建てたギリシア人の美意識を誇示するものでもあった。

帰国命令を受けた四十四歳のカルタゴの武将は、この神殿の祭壇の壁一面に、文字を刻んだ銅板をはめこむことを命じた。

銅板には、スペインを後にしてから以後の、ハンニバルの戦果のすべてが記された。後世に生きる私たちが、彼がスペインを出たときに従えていた兵数から、ローヌ河を越えたときの兵力、アルプス越えに成功してイタリア入りを果した時点での兵力に至るまでのことを相当な程度に知ることができるのも、その五十年後にこの地を訪れ、銅板に彫られた文章を読んだ、歴史家ポリビウスの叙述によるのである。ローマ人にとっては恨み骨髄であったにちがいないハンニバルの残したものを、五十年の後まで破壊もしなかったローマ人も興味あるが、私を刺激したのは、銅板に記されてあったという文字の種類であった。

ポリビウスによれば、銅板は中央で二分され、一方にはカルタゴの言語であるフェニキア語で、他の一方にはギリシア語で、同じ内容の文が併記されていたという。ギリシア人のポリビウスには、だから読むのに苦労はなかったのだ。だが、なぜ併記したのであろう。それも、ラテン語ではなくギリシア語で。

ナポレオンのエジプト遠征に随行した学者が発見した、通称「ロゼッタ・ストーン」は、同じ内容の文を、エジプトの象形文字とエジプトの民用文字と、それにギリシア語で併記されてあったために、古代エジプトの象形文字の解読につながったことで有名である。この「ロゼッタ・ストーン」は、紀元前一九六年の制作とわかっている。ハンニバルが、フェニキア語とギリシア語の併記で自らの戦績を世に残そうとしたのは、前二〇三年のことである。両者の間には、七年の時間的差しかない。「ロゼッタ・ストーン」に文字を刻ませた人は、後世の象形文字の解読に役立つようにと、ギリシア語の併記を加えさせたのではない。私には、当時のギリシア語は、現代の英語に該当したのではなかったかと思えてならない。

ローマ人は、第二次ポエニ戦役の後には制覇することになるギリシア人に、文化的にはかえって制覇されたから、ギリシア語を第一外国語として子弟に習得させたのではなかった。後世のヨーロッパ言語の手本にもなる完璧《かんぺき》なラテン語ができあがった紀元前一世紀になっても、ローマ人のバイリンガー傾向は少しも衰えていない。当時の彼らは、世界の支配者であった。それでもなお、ギリシア語圏に住む被征服民族に、ラテン語習得を強制していない。彼らのほうが、敗者の言語であるギリシア語習得に熱心であったのだ。

また、ハンニバル時代に話をもどせば、あの時代に生きたローマの元老院議員ピクトルは、ローマ人が「ハンニバル戦争」と呼んだ第二次ポエニ戦役史を書いた人である。同時代人だから、現場証人と言ってもよい。彼の著作は、ローマ人の手になる最初の歴史叙述と言われているが、この彼は自らの著作を、自分自身の言葉であるラテン語で書いたのではなかった。ギリシア語で書いたのである。日本人の研究者が、英語で論文を発表するようなものである。

ハンニバルも、ローマ打倒を果せないままにイタリアを去るしかなくなったとき、フェニキア語とは段ちがいに国際語であるギリシア語との併記で、二十九歳の年からはじまって四十四歳に至るまでの彼の業績を、後世に遺《のこ》していきたかったのではなかったか。そう考えると、今では消滅してしまったその碑文を通して、四十四歳のハンニバルの胸中に迫ることも可能であるような気がする。

カルタゴへの帰還には、ハンニバルは、一万五千の兵だけを連れていくことにした。スペインを発ったときから彼と行動をともにしてきた二万六千の兵士も、十六年間のイタリアでの戦闘で、八千人を残すだけであったという。その八千を、まず連れて行く。残りの七千は、彼の下で戦闘経験を積んだ南イタリアの兵士になる。全員が、ハンニバルの信頼に応《こた》えるに充分な、精鋭ぞろいだった。

他の兵たちも、ローマ軍の報復を怖《おそ》れていたので連れて行ってくれるよう願ったが、ハンニバルは聴きいれなかった。それでも船にしがみついて離れない者が多く、その者たちにはハンニバルの命令で、船の上からの矢が降りそそいだ。

岬の先端にそびえ立つ白亜の大神殿は、クロトーネの港を後にしてカルタゴへ向う船の上からも、はるか水平線に消え去るまでの長い時間、はっきりと認められたはずである。これを、四十五歳になろうとしていたハンニバルが、どのような想いで眺めたかを記した史料はない。眺めなかったのかもしれない。


首都ローマに、北伊と南伊の両方からほとんど同時に、ハンニバル兄弟のイタリア退去が報ぜられた。ローマ中は、狂喜の渦に巻きこまれた。神殿という神殿は、神々に感謝の祈りを捧げる人々で満ちあふれ、ファビウス・マクシムスの家には、祝いをのべる元老院議員たちの訪問が絶えなかった。

だが、ローマの最悪の時期を持久戦法で闘い抜いた老将は、ハンニバルの退去を知った一ヵ月後、命が燃えつきたかのように死んだ。七十二歳だった。

ザマ――第八回戦

スキピオの提示した内容によるローマとカルタゴとの講和は、ローマでは元老院も市民集会も承認し、カルタゴの長老会議の議決さえあれば成立する状態になっていた。その間ずっと、講和の交渉中は休戦するという決まりを守って、スキピオは軍事行動を起していない。

ところが、この休戦中に事故が起った。サルデーニャからスキピオの許《もと》に送られた補給船団が嵐《あらし》に会い、首都カルタゴからは四十キロの海岸に避難したのだ。カルタゴ人はその船団を奪い、首都の港に曳航《えいこう》した。これを知ったスキピオは、ただちに抗議を送り、返還を要求した。これを聴き入れるかどうかでカルタゴの長老会議が割れているときに、ハンニバルのカルタゴ到着の知らせがもたらされたのである。

ローマ海軍の妨害を避ける考えから、ハンニバルは、カルタゴよりははるかに南方に位置する、ハドゥルメトゥムに上陸していた。また、マゴーネの軍勢も同時期に、こちらは首都カルタゴの港に帰りついている。

これが、カルタゴ人を強気にした。長老会議は、スキピオの抗議と要求を無視する

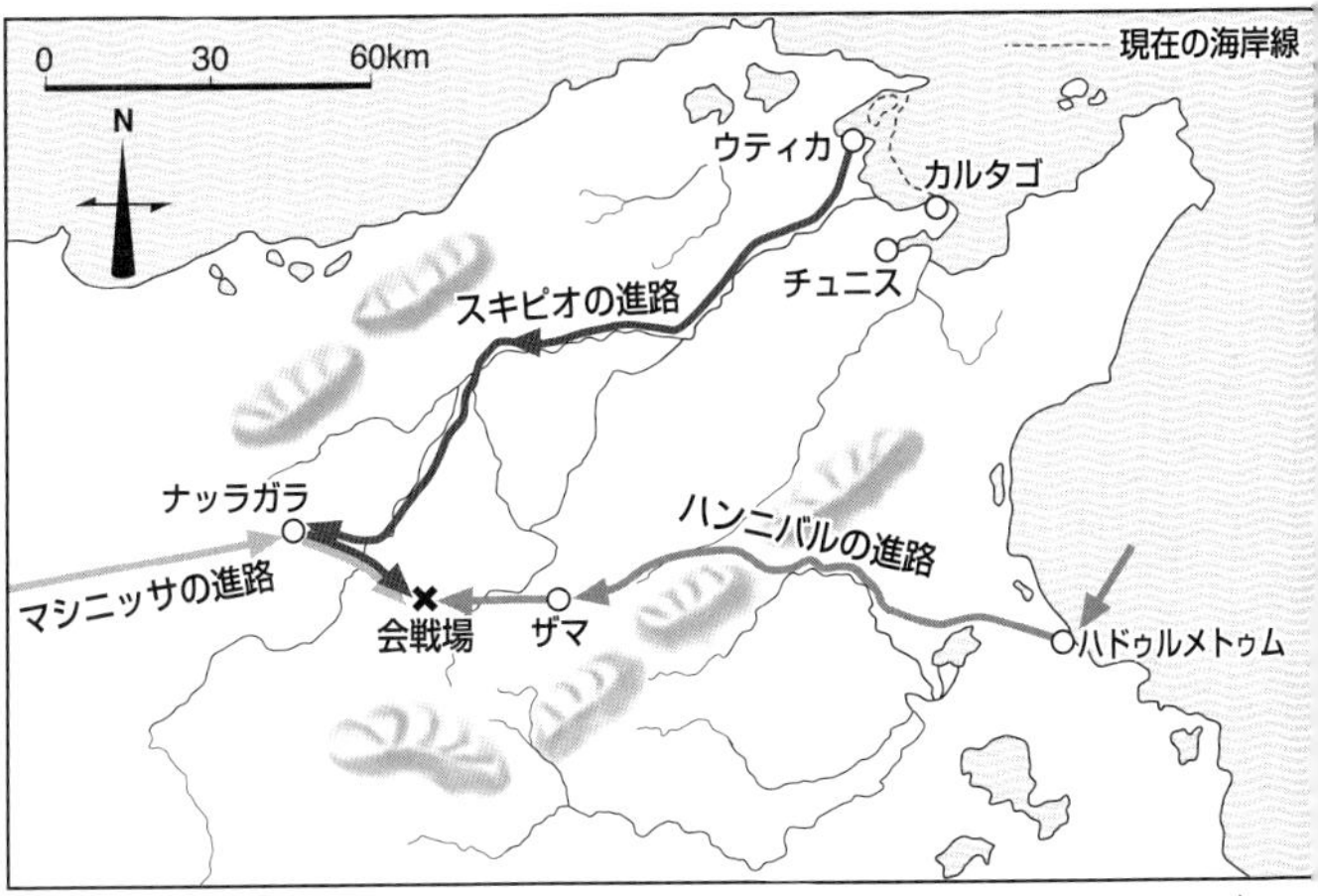

カルタゴ周辺図（LIDDEL HART, “Scipio Africanus: Greater Than Napoleon” より）

ことに決めた。もちろん、講和など誰も口にしなくなっている。こうなってはスキピオも、戦争状態の再開を覚悟するしかなかった。

ハドゥルメトゥムで冬越し中のハンニバルの許へは、首都から、一万のマゴーネの軍がそっくり送られてきた。そして、冬も終った翌年の紀元前二〇二年の春には、ハンニバルの許に集結した戦力は、歩兵四万六千に騎兵四千、それに八十頭の象も加わった大軍になっていた。ファビウスが心配したように、母国に帰還したハンニバルは、充分な支援を受けることが可能であったのだ。

しかし、ハンニバル自身は、これに満

足していなかった。騎兵戦力が不充分だった。数も不足だが、質のほうがもっと不足している。伝統的にカルタゴの騎兵戦力の供給先であったヌミディアは、もはやほとんどがマシニッサの支配下に入っている。ローマと同盟しているマシニッサには、頼るわけにはいかなかった。ハンニバルは、それを知ってすぐ、マシニッサに追われて逃げているヌミディアの前の王シファチェの息子に対し、配下の騎兵全員を引き連れての参戦を要請してあった。シファチェの息子も、二千の騎兵を従えての参戦を約束してきた。だが、彼らはまだ着いていなかった。

ハンニバルの帰還と講和交渉が決裂したことで、スキピオも、ハンニバルとの決戦を覚悟する。彼のほうも、マシニッサに参戦を求めた使いを送った。ローマ軍の助力を得て父のものであったヌミディア王国の再復は果し、シファチェの領国まで侵略中であったマシニッサは、もちろんのこととして快諾する。彼は、歩兵六千と騎兵四千を従えて参戦すると伝えてきた。この一万を加えても、スキピオのもつ戦力は四万でしかなかった。だが、このマシニッサも、まだ到着していなかった。

要するに、ハンニバルもスキピオも、紀元前二〇二年と年が変り戦闘期の春を迎えていながら、いずれも支援軍到着を待っていることでは同じ状態にあったのである。これが、二人の行軍の道筋が、いかにも非合理的なものになった原因だった。

大雑把に言えば、スキピオの本陣である「コルネリウス陣営地」とハンニバルが冬越しをしたハドゥルメトゥムは、三角形の二点にあたる。もしも互いに敵を求めて行軍したのならば、この二点を結ぶ三角形の一辺のどこかで出会ってもよかったはずだ。だが、スキピオもハンニバルも、三角形の残る一点に向って、互いに軍を進める道を選んだ。いずれも川にそって上流に向うという地勢上の利点はあったとしても、理由はそれだけではない。二人とも、ヌミディア領に近づきたかったのだ。支援軍との合流を、より有利にするためであった。

行軍の速度は、多数の兵に加えて象まで連れているハンニバル軍のほうが遅かった。スキピオの軍の行軍速度が早かったのは、彼の率いる軍勢がハンニバルの軍の半ばでしかなかったこともあるが、スキピオ自身が行軍を急いでいたからである。彼は、ハンニバルに先まわりされ、ヌミディアから来るマシニッサと切り離されることになるのを怖れていた。

それでも、両軍とも行軍の速度は、目的地を目指してただ一路、という感じのものではなかった。スキピオもハンニバルも、互いに戦機をうかがいながらの行軍であったからである。

早くスキピオを撃破してくれというカルタゴ政府からのたび重なる要請にも、ハンニバルは次のように答えている。

「他のすべてのことはまかせるが、武器で決することに関しては自分にまかせてもらいたい。いつ、どこで、どのように武器を使うかは、このわたしが決める」

いつ、どこで、どのように稀代《きたい》の戦術家と対戦するかは、スキピオもまた考えあぐねていたであろう。考えあぐねながら二人とも、ヌミディア国境に近づきつつあったのだった。

ハンニバルとスキピオは、古代の名将五人をあげるとすれば、必ず入る二人である。現代に至るまでのすべての歴史で、優れた武将を十人あげよと言われても、二人とも確実に入るにちがいない。歴史は数々の優れた武将を産んできたが、同じ格の才能をもつ者同士が会戦で対決するのは、実にまれな例になる。そのまれな例が、ザマの戦場で実現しようとしていた。

ザマの街に到着したハンニバルは、敵が、そこからは百キロほども西方に行ったナ

スキピオ

ハンニバル

ッラガラにいることを知った。ハンニバルは、敵情視察に三人の斥候を放った。ところが、この三人がローマ軍に捕われてしまったのだ。ローマ陣営内に連行された三人は、待っているのは死か拷問《ごうもん》のみと覚悟した。

　ハンニバルの斥候を捕えたとの知らせに、スキピオはその三人を連れてくるよう命じた。連行された三人の斥候に、スキピオは、ハンニバルの与えた任務は何かとたずねた。死を覚悟している三人は、敵情視察であると堂々と答えた。スキピオは、将官の一人を呼び、三人が望むものをすべて見せるように、と言った。

　将官に案内されて陣営内を見て歩く三人の前には、オフリミットは皆無だった。この翌日に全陣営の歓呼の中を到着したマシニッサのヌミディア軍も、彼らは見ている。見ただけでなく、ヌミディア兵の数まで知ることができた。

三日目、再びこの三人を連れて来させたスキピオは、三人に向って、視察は満足いくものであったか、とたずねた。ここで死か、と思った三人だったが、充分に思いどおりに見た、と答えた。スキピオは、それでは帰営してハンニバルにすべてを報告するように、と言い、途中まで騎兵隊に警護させて三人を送り返した。

ザマにもどった三人は、ハンニバルにすべてを報告した。ローマ軍に関する報告に加えて、スキピオの言動も報告した。ハンニバルはそれを無言で聴いていたが、報告がすべて終った後で、スキピオに会談を申し入れる使節を送るよう命じた。

スキピオは、会談は承知した、と答えた。だが、いつ、どこで会談するかはこちらで決めるから、決まった段階で改めて知らせる、とつけ加えた。

両軍とも、行軍を再開した。今度は、互いに敵に向っての進軍だった。両軍をへだてる距離が六キロに縮まった時点で、スキピオからハンニバルに、会談の時と場所を指定した使節が送られた。両軍とも、そこで歩みを止める。互いに、陣営地の建設がはじまった。スキピオの陣営地が水の補給に便利な地であったのに対し、ハンニバル軍の陣営地は、川に遠いという不利があった。

翌日、ハンニバルもスキピオも、騎兵の一隊だけを従えて陣営を後にした。スキピオの指定してきた場所は、両軍の中間に位置する低い丘である。丘の中腹まで来たところで、騎兵たちは歩みを止めた。そこから先へは、二将とも通訳だけを従えて進んだ。

同格の才能をもつ武将同士の対決ですらまれな例であるのに、その二人が対戦の前日に会談したとなると、これはもう歴史上類を見ないエピソードである。ハンニバルに同行していた二人の記録係の書いたものと、同時代のローマの元老院議員ピクトルの『戦記』を参考にしたというポリビウスとリヴィウスの著作によれば、この歴史上まれなる会談は、次のようにはじまって終った。ポリビウスの筆になるこの部分を、ほぼ全文翻訳する。リヴィウスよりもポリビウスの叙述のほうが、論旨がより明快だからである。

まず、会談を申し入れたハンニバルが、口火を切った。

「おそらく、最も幸福な選択は、ローマ人がイタリアより外へは触手をのばさず、カルタゴ人がアフリカ以外には出ていかないことであったろう。カルタゴとローマの間の争いの種は、シチリアでありサルデーニャでありスペインであったのだから。

だが、これももはや過去のことであり、問題は現在にある。現在、われわれはともに、自国の存亡を賭《か》けて闘うまでになった。ゆえに、この危険な賭を回避したければ、両国間の争いをやめるしかない。わたしには、それをする用意がある。なぜなら、わたし自らの経験からも、運というものはわれわれ人間を、まるで幼児に対するかのように弄《もてあそ》ぶものであるということを学んだからだ。

スキピオ、若いあなたには納得がいきにくいかもしれない。スペインでもアフリカでも敗北を知らずに今日まで来たあなたには、なおのこと納得しにくいことであるかもしれない。だが、そのことは、歴史に先例を求める必要はない。現代でも、その好例を見出《みいだ》すことができる。

カンネの会戦以後のわたしは、イタリアの主人だった。首都ローマに肉迫したことさえある。あの当時はハンニバルが、ローマ人の生命とローマの国家の行方を決める審判者だった。それが今では、アフリカにもどり、ローマ人であるあなたと、カルタゴの救済について話し合うまでになっている。

このわたしを、高慢な男とは思わないでもらいたい。現在からは予測できない未来があるということであり、良きことはより大きいほうを選択し、悪《あ》しきことはより小さいほうを選ぶやり方でしか、それへの対策はないと言いたいのだ。

もしも慎重な人物ならば、誰が、迫りつつある危険に強いて立ち向うであろうか。わたしとの対戦で、もしもあなたが勝利者になったとしても、あなたの名声があがるわけではないし、ローマの名誉が高まるわけでもない。反対にもしもあなたが敗者にでもなったならば、これまでのスキピオの輝かしい戦歴は無に帰すだけでなく、あなた自身の破滅もまぬがれないことになるだろう。

だから、わたしは提案したい。ローマ人は、シチリア、サルデーニャ、スペインという、ローマとカルタゴの争いの種になった地方すべての正式な所有者となる。カルタゴ人は、これらの地方の再復のためには、二度と戦争には訴えないと宣言する。わたしは、この条件ならば、カルタゴには将来もつづく安全を保障することになり、あなたもローマ人全体も、大いなる名誉に浴すことになると確信している」

ハンニバルの、話は終った。彼よりは十二歳年下のスキピオが、口を開く番だった。

「この戦役をはじめたのは、ローマ人ではなく、カルタゴ側であったことは、ハンニバル、あなたが誰よりもよく知っている事実である。神々がローマ人を助けて勝利に導きつつあるとしたら、それは神々さえも、どちらに非があるかを御存じであり、防衛のために立った者に味方したいと考えてのことにちがいない。

わたしとて、運命が変りやすいことは知っている。そして、人間の力ではどこまでしかやれないかも、充分にわかっているつもりだ。

もしも、ローマ軍がアフリカに進攻する以前にあなたが自発的にイタリアを退去していたならば、また、わたしが提示した講和が決裂しない前であったならば、あなたの今の提案はあなたの満足いく結果につながっていただろう。

だが、あなたのイタリア退去は、あなたの意志によったものではなかった。アフリカに進攻したローマ軍の戦果に、影響されての退去だった。講和の条件も、これでは変って当り前だ。しかも、ローマでは市民集会まで承認していた講和を、決裂させたのはカルタゴ側であることも忘れないでもらいたい。

このわたしに、あなたは何をせよと言われるのか。わたしの立場にあなたが立つとしたら、あなただったらどうされるのか。いかにあなたも、またカルタゴ政府も不服でも、講和の条件は、わたしの提示したものから変えるわけにはいかない。

ハンニバル、あなたには明日の会戦の準備をするようすすめることしか、わたしにはできない。なぜなら、カルタゴ人は、いや、あなたはとくに、平和の中で生きることが何よりも不得手《ふえて》なようであるから」

二人の武将は、左と右に分れて丘を降りた。史上有名な「ザマの会戦」は、明朝を期して決行されることになったのである。

これは、カルタゴ対ローマ、五万対四万の会戦であることの他に、戦略戦術の上での師と弟子との、はじめての対決でもあった。

そして、戦術の最高傑作でありながら、ローマ人の執拗《しつよう》さによって戦役の行方を決することにはならなかった「カンネの会戦」とちがって、「ザマの会戦」は、戦役の行方を決すると同時に、地中海世界全体の将来をも決する戦闘になるのである。


紀元前二〇二年、秋の陽がやわらかく降りそそぐザマとナッラガラの中間に広がる平原いっぱいに、両軍の布陣が終った。

ハンニバルが総指揮をとるカルタゴ軍の戦力は、歩兵四万六千に騎兵四千の計五万。それに、八十頭の象が加わる。シファチェの息子が参戦を約束した二千のヌミディア騎兵は、結局は到着しなかった。

一方、スキピオが総指揮をとり、レリウスが左翼を、マシニッサが右翼を受けもつローマ軍は、マシニッサ配下のヌミディア兵を加えて、歩兵三万四千に騎兵六千の計四万。

総戦力ならばカルタゴ軍が優勢だが、騎兵戦力となると、四千に対するに六千と、ローマ側が逆転する。そして、歩兵対騎兵の比率ならば、カルタゴ軍の十一対一に対し、ローマ軍は六対一。ローマ軍のこの構成は、ローマ軍の通例を破って非ローマ的であり、ゆえにハンニバル的であるとさえ言えた。反対にカルタゴ軍のほうが、ザマの戦場では、通常のローマ軍的な構成であり、非ハンニバル的な構成になったのである。

四十五歳を迎えていた稀代の戦術家が、この事実に気づかなかったはずはない。全軍の戦力を有機的に活用するうえで不可欠な、機動性に富む騎兵戦力が不充分であるのが、ザマでのカルタゴ軍の現状であった。つまり、ザマでのハンニバルは、これまでに彼が得意としてきた戦術を駆使するには困難な状態にあったということになる。

しかし、それでもなおハンニバルは、並の武将ならば思いもつかない陣形を布《し》き、それによって勝利にもって行こうと考えていたのである。現代の戦史家たちでも、古代の武将中最高の戦術家の名に恥じない布陣だと、賞讃を惜しまない。

最前線には、八十頭の象を配した。

次いで、第二列には、歩兵一万二千からなる混成の傭兵軍《ようへい》を置く。

第三列には、少数のカルタゴ市民兵に、アフリカとマケドニアからの、歩兵一万九千の傭兵を配置した。この歩兵団の両翼は、二千ずつの騎兵で固める。そして、二百メートルも後方に離れた戦列に、一万五千からなる、イタリアから連れてきた彼の子飼いの兵たちを置いた。

ハンニバルは、ほぼ確実に、次のように考えていたのではないかと思う。

まずはじめに、八十頭の象に突撃させ、敵の中央の歩兵団を混乱に陥れる。次いで、象の突撃を受けてひるんだ敵に対し、間を置かずに第二列と第三列の傭兵団を投入する。この段階での両軍の投入戦力は、カルタゴ軍の三万一千に対し、ローマ軍は三万四千。しばらくはもちこたえるだろう、とハンニバルは考えたろう。ローマ軍が優勢に闘いを進めるとしても、である。そして、ローマの主戦力である重装歩兵団が戦闘で疲れるのを待って、疲れてもいずベテランでもある、子飼いの一万五千を投入して「ダメ押し」とする。劣勢な騎兵団でも、歩兵の両脇から離れないでくれれば充分だった。

こうでも考えなければ、自軍の主戦力を、二百メートルも後方に離して配置した理由が解明できなくなる。ハンニバルは、これまでずっと、「ダメ押し」として使ってきた騎兵力をザマではその目的に使えない以上、子飼いのベテランにその任務を託したのである。第二と第三の列に配した傭兵たちは、ローマ軍を疲れさせるための誘い餌《えさ》であって、全員が殺されてもかまわないと、ハンニバルは考えていただろう。

おそらく、これまでに彼が会戦で対決してきたローマの武将たちが相手であったならば、この戦術で成功したにちがいない。だが、ローマ人でありながらローマ人でないのが、スキピオである。ローマ人の裏をかいてきたカルタゴ人の裏をかく、戦術を展開することになった。真に優秀な弟子ならば、師のやり方の全面的な模倣では終らない。必ず、与えられた条件のオリジナルな活用も、忘れないものである。

スキピオも、ヌミディア兵を加えた三万四千の歩兵軍団は、中央に配した。だが、彼は、ザマでは、これまでかつて試したことのない戦術を導入する。

ローマの重装歩兵は、前列から後方にかけて、ハスターリ、プリンチペス、トリアーリと三縦隊で布陣するのが定法になっている。最前列には、重装歩兵として兵役を務める義務のない、つまり資産の少ない階層に属す市民か初年兵を集めた、軽装歩兵が並ぶのも定法だ。そして、重装歩兵の三縦隊も、六十から百二十人の兵からなる、小隊《マニプルス》に分れて布陣するのがローマ式であった。遊撃兵でもある軽装歩兵には、小隊システムはない。ザマでのスキピオは、軽装歩兵も小隊別に編成したのである。そして、この軽装歩兵の小隊を、重装歩兵の小隊の間に配置していった。

常ならば敵側から眺めてもはっきりと判別できる小隊ごとに切られたローマ軍の戦

列は、ここザマでは、小隊ごとの間隔のない横一線の戦列に見えた。とはいえ、軽装歩兵の小隊を間に置くようになった重装歩兵の小隊ごとの間隔は、常よりは広くなっていたが、軽装歩兵の小隊が間を埋めているために、離れている敵の位置からはわからない。

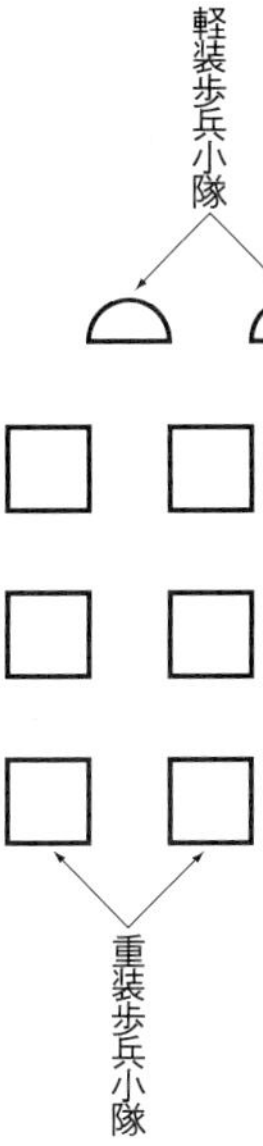

そして、合計六千の騎兵は二等分され、右翼と左翼に配置され、スキピオとともに今日のための戦術を練ったレリウスとマシニッサが率いる。歩兵団の指揮は、スキピオがとる。

両軍とも布陣を終えたところで、士気を高めるための総司令官の訓辞が行われた。スキピオは、これまでのスペインとアフリカでの戦績を兵士たちに思い起させ、われわれには運が微笑《ほほえ》んでいると言い、講和を求めてきた敵と闘うのが今日の会戦だと

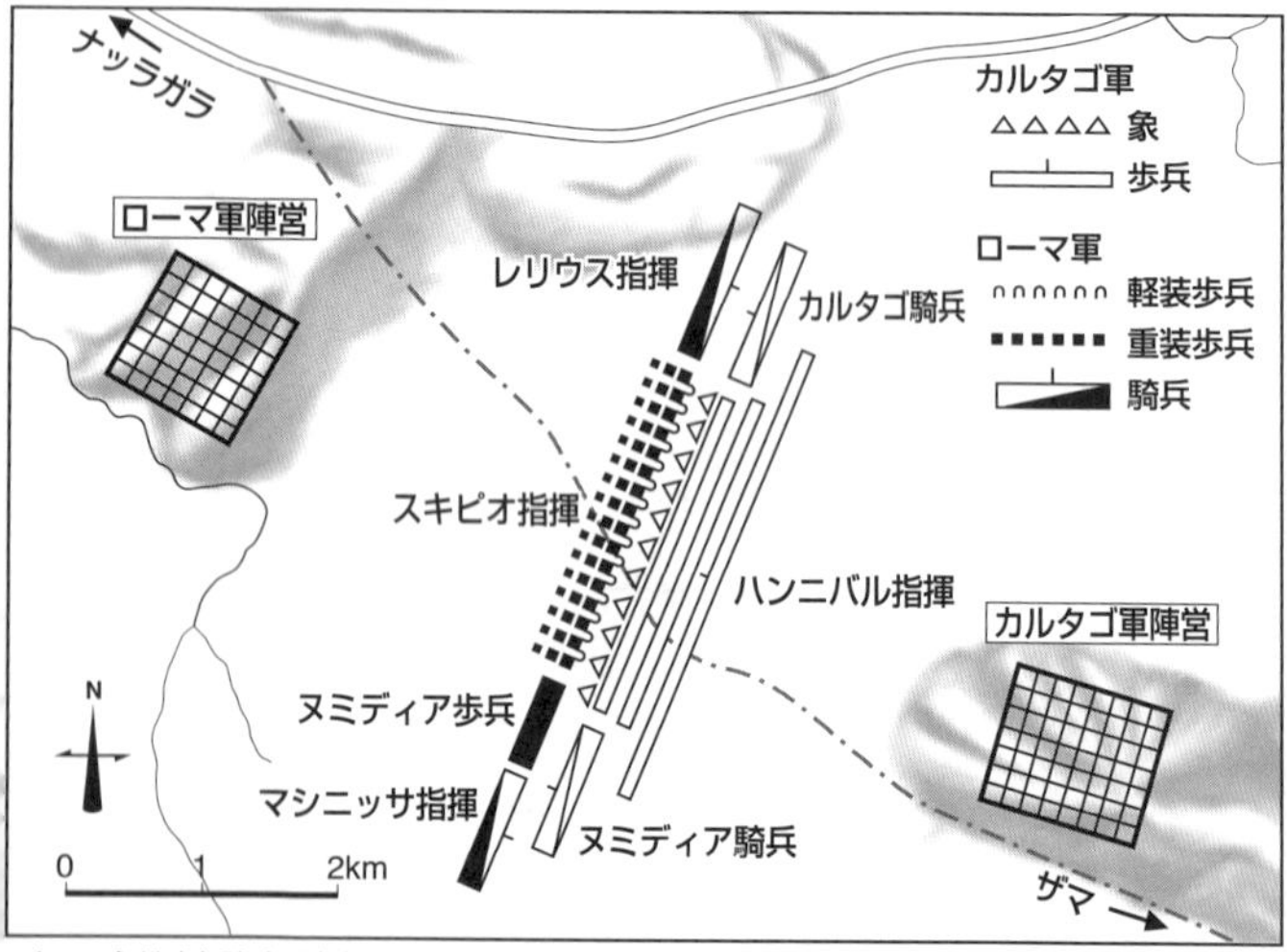

ザマの会戦（布陣直後）（LIDDEL HART, "Scipio Africanus: Greater Than Napoleon" より）

説く。そして、とくにカンネの残兵であり重装歩兵団の主力を受けもつ兵士たちに向っては、今日が苦労の最後になると言って演説を終えた。

ハンニバルのほうは、傭兵への訓辞は部下の将軍にまかせ、彼自身は、イタリアから連れてきた子飼いの兵士だけに向って演説した。

十六年もの長い歳月、イタリアの地で、われわれを相手に会戦して勝ったローマ軍もローマの武将もいなかった。今日の敵軍を指揮するのは、ティチーノとトレッビアの敗将の息子であり、カンネで戦死した執政官の婿《むこ》である。今日も勝って、ハンニバルとハンニバルの戦士の名声を不朽にしようではないか。このハンニバルの言葉は、一万五千の精鋭の中でも、十六年間ハンニバルとすべてをともにしてきた八千の古参兵の胸に、より強くひびいたことだろう。彼らは、今度もまたハンニバルに命を賭ける想いにふるい立ったのである。

　戦端は、ローマ軍の左右両翼に配された騎兵の突撃によって切って落された。時をおかずにハンニバルは、象群の出撃を命ずる。突進する八十頭の象の巻きあげる土煙で、戦場は一時、両軍とも敵を見失ったほどだった。

　しかし、ローマ軍の軽装歩兵は、スキピオのさずけた作戦に忠実だった。土煙を蹴《け》立《た》てて突進してきた象が間近に迫った時点で、指令どおりに小隊ごとに、重装歩兵の小隊の間に入りこんだのだ。これで、横一列の感じであったローマ軍の戦列に、小隊ごとの間隔が生れた。

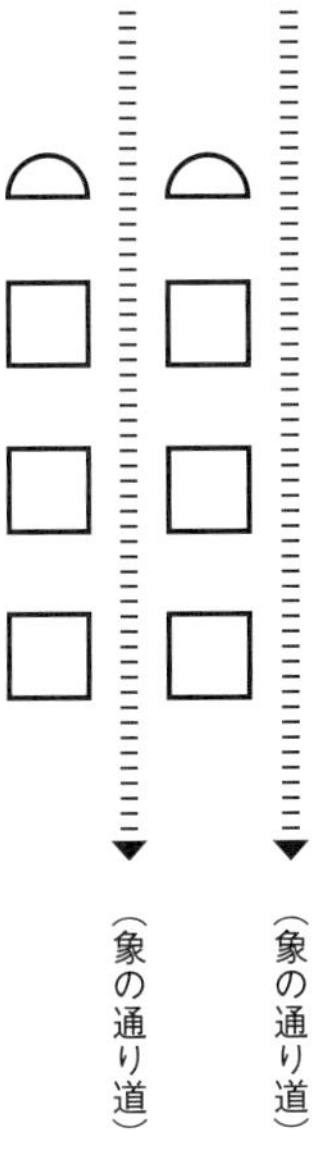

この通り道が、象の突進力をかわす結果になった。スキピオは象を頭におき、通常の小隊ごとの間隔さえも、ザマではより広くとっておいたのである。ために、象の多くは、ローマの軽装歩兵が身も軽くかわした間を通り過ぎただけに終った。象の突撃で敵の歩兵を乱そうとしたハンニバルの作戦は、ここでまず、スキピオによって裏をかかれたことになる。

象は突進しはじめるや止めるのがむずかしいという、戦車にはない不利をもつ。各通路の間を素通りしてしまった象は止まらなくなり、象使いが苦労して止めるのに成功したときには、ローマ軍の軽装歩兵たちのラッパや鉦《かね》による騒音と投げ槍《やり》を浴びる状態になっていた。その結果、暴走したり捕われたりして、カルタゴ軍の象群は完全に戦線から脱落した。

これとあい前後して、戦場の中央では、両軍の歩兵同士の戦闘がはじまっていた。重装歩兵二万二千にヌミディアの六千を加えて二万八千のローマ軍に対し、ハンニバルは、第一と第二列の計三万一千を投入する。兵の数ではカルタゴ側が優勢でも、戦闘力となるとローマ側が優勢だ。

そして、戦闘開始直後から果敢な攻勢に出ていたレリウスとマシニッサの率いるローマ軍の騎兵が、その頃にはもはや、カルタゴ側の騎兵を圧倒する一方になっていた。

ということは、カルタゴ軍の中央の両脇が、完全に空いてしまったということである。

スキピオは、この好機を逃さなかった。自軍の重装歩兵に、正面と両脇の三方面からの攻撃を命じた。

ローマ軍の主力に三方から攻められて、寄り合い所帯でもあるカルタゴ軍の傭兵たちは、完全に浮足立ってしまった。前にも右にも左にも逃げることはできない。唯一《ゆいいつ》残った後方に逃れようにも、そこにはハンニバルのベテラン兵が、抜刀して待ちかまえていた。ハンニバルが、逃げてくる兵は味方であろうと斬《き》れ、と命じてあったからである。

逃げ道を断たれた彼らは、死にもの狂いで闘った。それでも、屍《かばね》の山を築くのは彼らのほうだった。スキピオの導入した「スペイン剣」が、狭い場所での混戦で威力を発揮したのだ。

ローマ軍による三方からの包囲を突破して逃げるのに成功した敵兵を、スキピオは追わせなかった。隊形を乱して敗走する敵は、もはや戦力ではない。彼は、それらには眼もくれなかった。

死んだ敵兵の流す血で、草地はすべるまでに変った。敵の屍が、ローマ軍の前進を邪魔するまでになった。

ハンニバルは、ローマの兵士たちが疲れたこのときこそ、自軍の主戦力を投入する好機と見る。彼は、これまで温存しておいた子飼いの一万五千に、隊形を組んでの前進を命じた。

ところが、二百メートルの距離を迫ってくるカルタゴ側の新鮮な戦力を前にして、三十三歳のローマの武将は、これこそ他の武将ならば考えもしないであろうことを決行したのである。全軍に、迫りつつある敵を前にしての、陣形の立て直しを命じたのだ。

ローマの重装歩兵たちは、総司令官の命令に従い、まず負傷者を後方に運び出してそれらを軽装歩兵やヌミディア歩兵に託し、敵兵の死体を脇に片づけた。その後で、これまで縦隊で闘っていたハスターリとプリンチペスとトリアーリを、左頁の下の図に見られるように弓形の横隊に並び換えたのである。これは、スキピオにしてみれば、疲労はしていても数では優勢な自軍のもつ利点を、今はじめて戦闘に入る敵のベテランに対して活かすための戦術であった。と同時に、敵の騎兵を追撃中の味方の騎兵が戦場にもどってくるまでの、時間稼ぎも兼ねていたのである。

そして、戦線に復帰した軽装歩兵やヌミディア歩兵も加えたスキピオの全歩兵が、

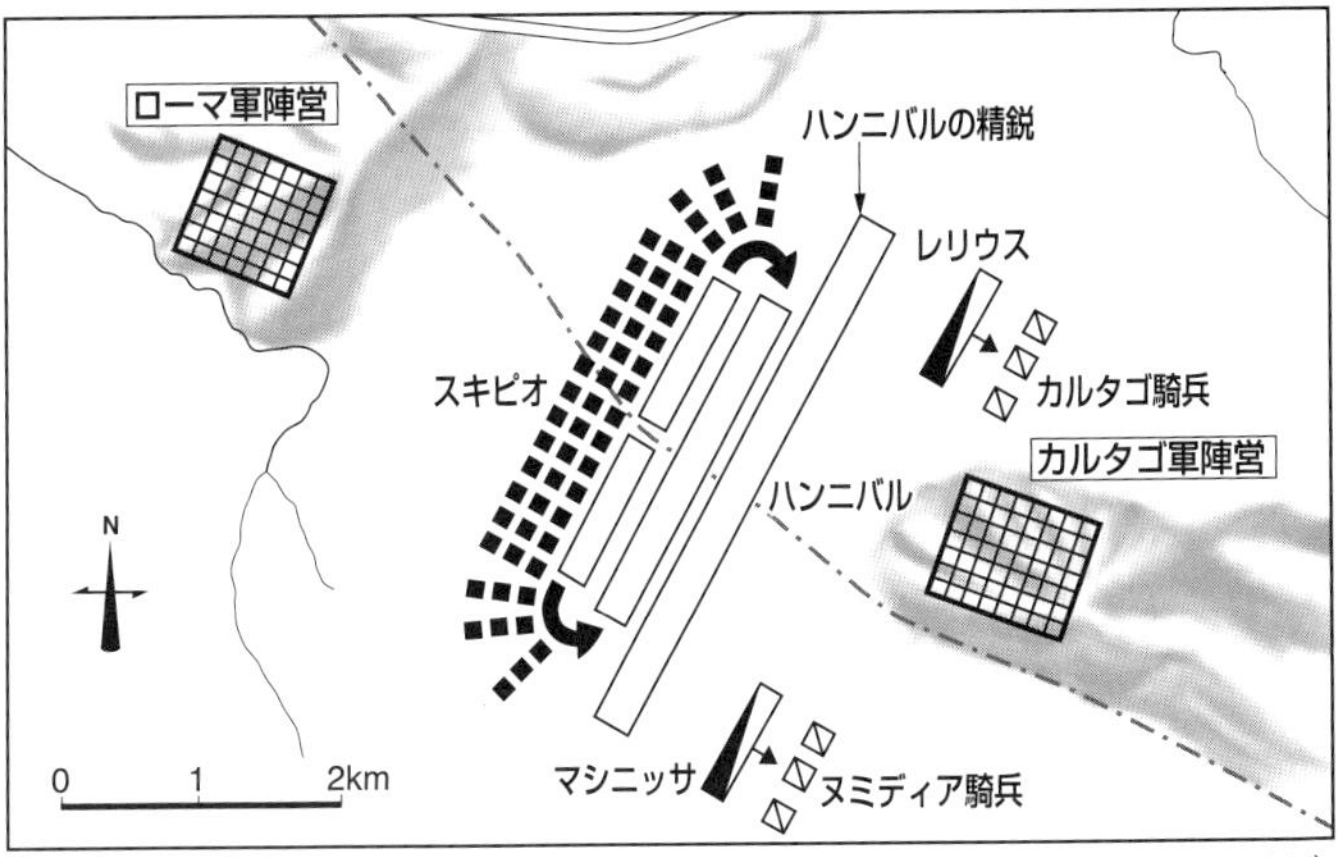

ザマの会戦（第二段階）（LIDDELL HART, “Scipio Africanus: Greater Than Napoleon” より）

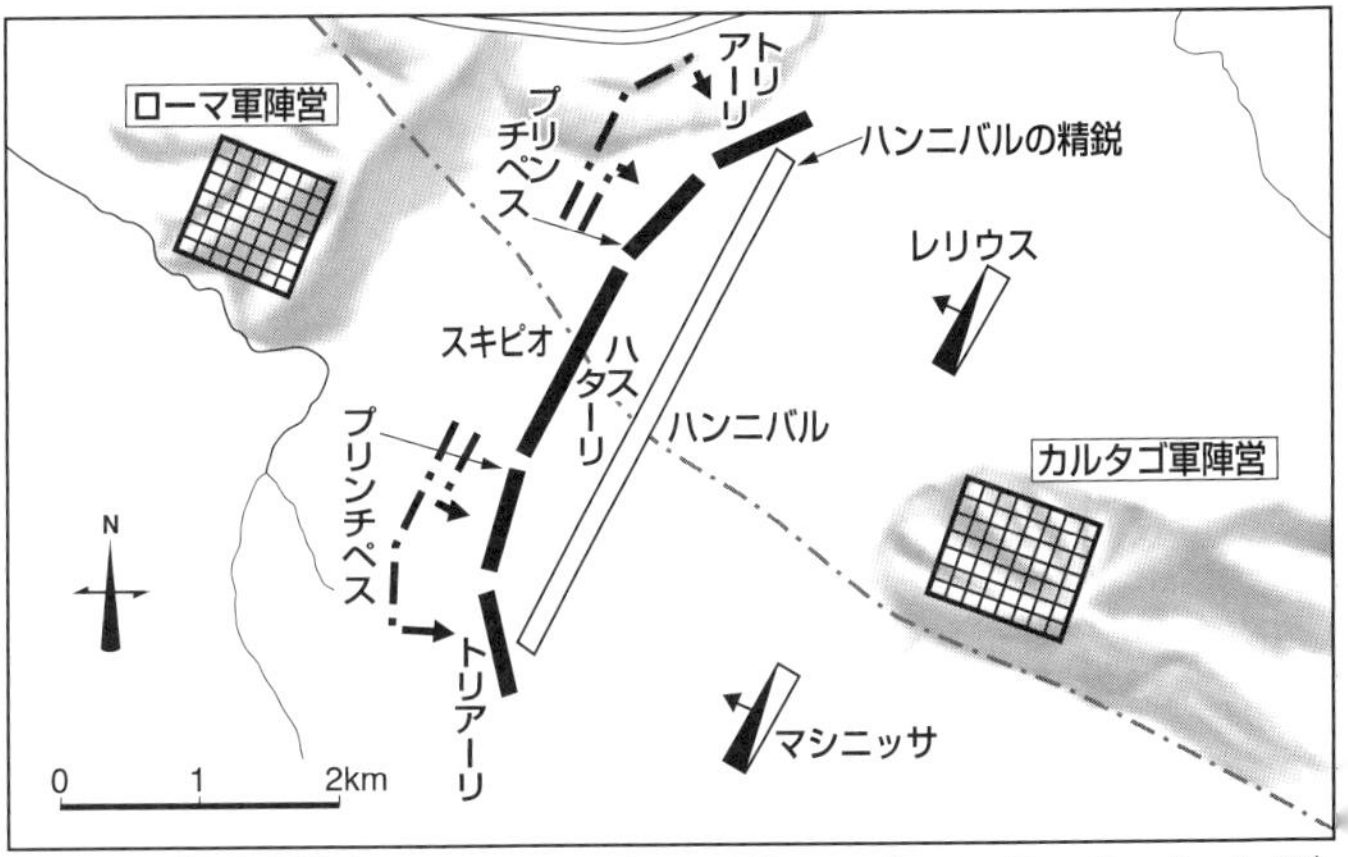

ザマの会戦（最終段階）（LIDDELL HART, “Scipio Africanus: Greater Than Napoleon” より）

再度の三方からの包囲網を完成したとき、敵騎兵を撃破したレリウスとマシニッサ率いる騎兵隊が、戦場にもどってきたのである。

十四年前にカンネの平原で起ったのと同じ状態が、ザマの平原で再現された。ただし、相手を変えて。

四十五歳の古代屈指の名将は、子飼いの兵士たちが殺されていくのを見守るしかなかった。一万五千のハンニバルの戦士は、このザマで全滅した。

カルタゴ側の戦死者は、この一万五千を加えて、二万をはるかに越えた。そのうえ、二万の兵が捕虜になった。他は、十日の行程にある首都カルタゴに向って敗走した。ハンニバル自身は、数騎を従えただけで、ハドゥルメトゥムに逃げた。ローマ側の戦死者は、千五百。スキピオの完勝だった。

第Ⅰ巻で紹介ずみのエピソードだが、ここで再びとりあげてみたい。この会戦の数年後に偶然にエフェソスで出会ったという、ハンニバルとスキピオの間に交わされた会話である。十二歳年長のハンニバルに対し、スキピオは言葉づかいもていねいに話

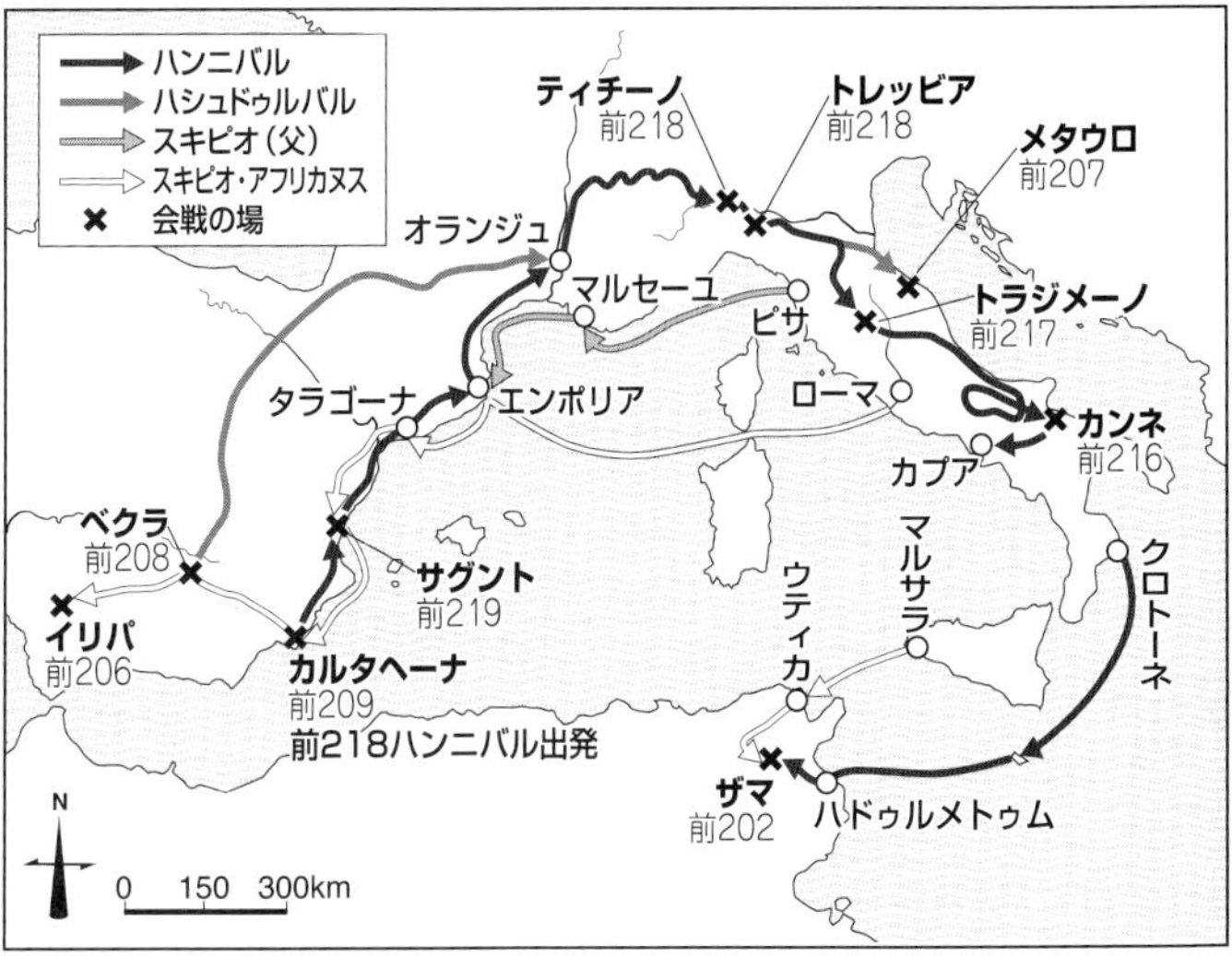

第二次ポエニ戦役中の有名な会戦の場と四将の進路

しかけた。

「あなたは、われわれの時代で最も優れた武将は誰だとお考えですか？」

ハンニバルは、即座に答えた。

「マケドニア王のアレクサンドロス。小規模の軍勢しか率いられない身で、大軍を動員したペルシア軍を破っただけでなく、人間の考えうる境界をはるかに越えた地方まで征服した業績は、偉大としか評しようがない」

スキピオは、再びたずねた。

「ならば、二番目に優れた武将は？」

ハンニバルは、今度も迷わずに

答えた。

「エピロスの王ピュロス。まず、戦術家として一級だ」

スキピオは、さらに質問をつづけた。

「それならば、三番目に優れた武将は誰だとお考えですか？」

カルタゴの名将は、これにも即答した。

「問題なく、このわたし自身」

スキピオは、これには思わず微笑して言った。

「もしもあなたが、ザマでわたしに勝っていたとしたら？」

ハンニバルは、いかにも当然という感じで答えた。

「それならばわたしの順位は、ピュロスを越しアレクサンドロスを越して一番目にくる」

ハンニバルの自己評価は、アレクサンダー大王まで越えるかどうかは別にして、誤ってはいないと私には思える。

ザマでは、彼は敗将になった。だが、歩兵と騎兵の双方を有機的に活用することによって敵を包囲し全滅にもって行くという彼の考えた戦術は、それを駆使したのがローマ側の武将であったとはいえ、有効な戦術であることは証明されたのである。もちろん、それを駆使できたのは、しかもハンニバル相手にさえ駆使できたのは、完全にスキピオの才能による。しかし、それを考え出したのは、あくまでもハンニバルであった。

古代のローマでも、ルキアノスただ一人を除くローマ人全員が、武将としては敵のハンニバルを、救国の英雄であるスキピオより上位に置くことでは一致している。ハンニバルの不幸は、優れた弟子が敵方に出てしまったことであった。

そして、戦略家としてならば、ハンニバルは大きな誤りを犯している。「ローマ連合」の解体が、容易に可能であると見た点である。社会の階級が固定しているカルタゴの人間であるハンニバルにとっては、勝って寛容になり、敗者さえも協力者にしてしまうローマ人の生き方は、理解を越えていたのであろう。

だが、それを、ザマで敗れた直後に、ハンニバル自らが体験することになる。講和の交渉の首席代表は、ローマ側はスキピオだったが、カルタゴ側はハンニバルであったからである。

「ザマの会戦」に、手もちの最高のカード、ハンニバルを送って敗れたカルタゴは、敗戦の知らせを受けるや完全に動転してしまった。今にも、勝ち誇ったローマ軍が城壁に迫るのを眼にする想いだった。そこに、ハドゥルメトゥムに逃げていたハンニバルが到着する。動転してなすすべを知らない長老会議の面々を前にして、敗軍の将は、もはやローマとの講和しか選択の余地はない、と言った。

講和の申し入れが、勝利の後で「コルネリウス陣営地」にもどる途中のスキピオにとどけられた。スキピオは、それを受ける。共和政ローマでは、講和の承認は市民集会に権利があるが、講和の交渉権は、絶対指揮権《インペリウム》を与えられている司令官にある。カルタゴとの講和会議のローマ側の首席代表は、こういうわけでスキピオが務める。カルタゴ側の首席代表は、ハンニバルだった。戦場であい対した二人は、平和への道を敷く場でもあい対することになったのである。

この二人の間で討議されたローマ・カルタゴ間の講和条約は、次の内容から成っていた。

一、ローマは、以後カルタゴを独立した同盟国と見なし、カルタゴ国内の自治権を尊重する。カルタゴ領内にローマの基地も置かず、駐留軍も残さない。また、第二次ポエニ戦役勃発《ぼっぱつ》以前にカルタゴの領土であったアフリカ一帯の領有は、これを完全に認める。

二、カルタゴは、シチリア、サルデーニャ、スペインにある海外のカルタゴ領の、領有権を全面的に放棄する。
三、カルタゴは、マシニッサが王位につくヌミディア王国を、公式に承認する。
四、カルタゴは以後、ローマと同盟関係にある国や都市に戦いをしかけない。
五、ローマ側の人間でカルタゴの捕虜になっている者は、全員釈放する。カルタゴ側の人間でローマ側の捕虜になっている者は、講和の締結後に釈放する。
六、三段層軍船十隻《せき》を除いた全軍船と、軍用に使われている象のすべてを、ローマ側に引き渡す。
七、アフリカの内外ともに、以後カルタゴは、ローマの承認なしには戦争をしない。
八、講和が発効するまでの期間、アフリカに駐留するローマ軍の経費を、カルタゴは負担する。
九、賠償金として、一万タレントをローマに、五十年間の分割払いで支払う。
十、カルタゴがローマとの講和条約を守るとの確証がもてるまでの歳月、スキピオが選抜するカルタゴ人の子弟で十四歳から三十歳までの若者百人を、ローマに人質として送る。

「ザマの会戦」以前にスキピオが提示していた講和の条項と会戦以後のそれを比べてみると、両者の間にひどい差がないことにまず驚かされる。

第一項、第二項、第三項までは、会戦前の第一、第三、第四項と完全に同じだ。第四項も、カルタゴに対してだけ要求されたことではなく、これまでもローマは、敗戦国のすべてに対して求めてきたことであった。

第五項も、どこの国との講和条約にも必ず入れられる一項である。

第六項は、カルタゴ海軍の事実上の解消を意味していることは明らかだが、ザマ以前の要求は、二十隻を除く、であったところが、ザマ以後では、十隻を除く全軍船をローマに引き渡す、と変っているだけである。

問題は、第七項だろう。これこそ、ザマで敗れたことの真の結果だった。ローマはカルタゴに対し、たとえ自衛のためであろうと、ローマの許可なしには戦いをすることを禁じているからである。自主的な交戦権を認めないということであった。これではカルタゴは、完全な独立国であるとはいえない。

第八項だが、これまたザマ以前の第六項とまったく同じである。また、講和条約には必ず入れられる一項でもある。

九番目の賠償金の項だが、ザマの以前と以後では、五千から一万タレントに倍増されている。とはいえ、五十年間の分割払いだ。一年ごとの額にすれば二百タレント、大雑把に日本円に換算しても、一年に二億円である。

第十項にあげられた百人の人質をローマに送る件も、これは以後もローマ人がよく使う手なのだが、言ってみれば、好きなときに帰国できないという制約はあっても、フルブライトの留学生と同じようなものである。年齢を若く押えているのもそのためだ。ローマは、旧敵国の指導層の子弟、つまり旧敵国の指導層予備軍を選んでローマで学ばせ、ローマのシンパに育てるやり方を好んだ。人質といっても、牢獄《ろうごく》につながれるわけではない。適当な家庭に預けられ、家族同様にあつかわれ、その家の子供たちと一緒にその家の家庭教師に学ぶのが、ローマ人の考える人質であったのだ。

そして、日本人である私にとってとくに興味をひかれるのは、ここには勝者と敗者しかいないという事実である。正義と非正義とに分けられてはいない。ゆえに、戦争は犯罪であるとは言っていない。もしも戦争犯罪者の裁判でも行われていたならば、ハンニバルがまず、戦犯第一号であったろう。

たしかに、講和の内容は厳しいものだった。しかし、カルタゴは、「ローマ連合」に加盟し、領国の一部をローマの国有地として没収され、それを耕すのに借地料をローマに納入し、「ローマ連合」軍に兵力を提供する義務を負うという、ローマの同盟国にはなっていない。シチリアのように、属州になったわけでもなかった。交戦権は制限されたが、また海軍も事実上解体されたが、他のすべてのことは自治国で残ったのだ。カルタゴの内政に、ローマはまったく干渉していない。そして、その後のローマが、マケドニアやシリアと結んだ講和条約を見ても、カルタゴに対するそれだけが苛酷《かこく》であったとは言えないのだ。

しかも、ローマ人が「ハンニバル戦争」と呼んだように、第二次ポエニ戦役は、カルタゴ側がはじめたことは明らかである。ハンニバルが、実に巧みにローマの宣戦布告を誘導したにしても、である。ローマ側が払った十六年間の苦労、十万人以上の戦死者、十人を越える執政官クラスの武将の死を思えば、敗戦国にはなったにしろ、カルタゴの払った犠牲は驚くほど少ない。これを見ても、ローマ人は、敗者との間の講和を結ぶに際し、復讐《ふくしゅう》に眼がくらむようなことはなかったのである。おそらくそれは、講和の内容作成に直接にかかわった、スキピオの人となりが影響したのではないかと思う。しかし、この内容の講和を、文句もつけずに市民集会でただ一度で可決した、ローマ人の性向も忘れるわけにはいかないだろう。

ローマがカルタゴとの間に結んだ講和は、厳しかったかもしれない。だが、それは、報復ではなかったし、ましてや、正義が非正義に対してくだす、こらしめではまったくなかった。戦争という、人類がどうしても超脱することのできない悪業を、勝者と敗者でなく、正義と非正義に分けはじめたのはいつ頃からであろう。分けたからといって、戦争が消滅したわけでもないのだが。

しかし、この内容の講和でもなお、カルタゴの有力者たちの中には承服できない者が少なくなかった。不満組の先鋒《せんぽう》は、スキピオと二度闘って二度敗れた、しかしザマでは参戦していなかったジスコーネである。

そのジスコーネが、反対演説をはじめたときだった。議席から立ちあがったハンニバルが、演説中のジスコーネに近づき、ジスコーネの胸ぐらをつかんで演壇から引きずり落したのである。議場にいた人々はみな、この野蛮な振舞いに唖然《あぜん》とし、声もなかった。ハンニバルもやりすぎに気づいたのか、ジスコーネを離した後で言った。

「わたしは、九歳の年に母国を離れてから今日までの三十六年間を、陣営と戦場で過す人生を送ってきた。戦場でどう行動するかは知っている。だが、都市での生活は、知らないできてしまった」

なぜハンニバルが、これほどもローマとの講和の成立を望んだのかは、彼が何も言い残してくれていないので想像するしかない。

私には、子飼いの兵すべてを死なせてしまった、絶望ゆえではなかったかと思われる。彼は、兵士なき将になってしまった。また、戦いの場ですべてを冷静に客観的に見、判断することに慣れたハンニバルには、精鋭を失った傭兵《ようへい》の寄り合い所帯で、スキピオと対決する不可能もわかっていただろう。

蛮行はくり返さなかったが、ハンニバルは、説得はやめなかった。

「あなた方にできることは、議論を弄《もてあそ》ぶことではない。受け入れることだけだ。スキピオの提案は、わが国の現状を考えれば、妥当とするしかない」

カルタゴの有力者たちも、うなずくしかなかった。講和は、カルタゴで承認される。ローマでも、元老院も市民集会も、追加注文もつけずに承認した。十六年ぶりの平和の再来であった。

講和の成立を見とどけたうえで、スキピオは、自下のローマ全軍を率いてカルタゴを発《た》った。まず、海路シチリアに渡る。メッシーナ海峡を渡ってイタリア本土に入ってからは、ローマまで陸路を行った。

白馬を駆って進む若き凱旋《がいせん》将軍を、沿道に住む人々は花を投げ、歓声で迎えた。この歓迎は、彼が首都に帰り着くまで絶えなかった。ローマ人もイタリア人も、勝利よりも平和がもどったことを祝ったのである。

プブリウス・コルネリウス・スキピオは、これ以後、アフリカを制した者という意味で、「アフリカヌス」という尊称づきで呼ばれることになる。三十三歳のスキピオ・アフリカヌスにとっては、ハンニバルに勝った紀元前二〇二年からローマに凱旋した前二〇一年までが、生涯での最良の一年間ではなかったかと思う。第二次ポエニ戦役は、こうしてついに終った。

第七章　ポエニ戦役その後

（紀元前二〇〇年～前一八三年）

現代の研究者でも、古代＝奴隷制社会＝搾取《さくしゅ》、ゆえに悪、と断定して疑わない幸福な人は別として、紀元前二〇〇年のここまでのローマ人を悪く評する人はほとんどいない。

私が第Ⅰ巻であつかった、テヴェレ河のほとりの七つの丘からはじまってルビコン川以南のイタリア半島統一までの五百年間は、現代イタリアと比べても半分でしかない領土の統一にすぎなく、この程度では侵略とするわけにはいかない。また、あの時代のローマにとっての対外関係である「ローマ連合」も、トインビーの賞讃を待つまでもなく、ローマと同盟諸都市との関係は支配・被支配の関係というよりも共存共栄の関係であり、それゆえに第一次・第二次のポエニ戦役を勝ち抜くことができたわけだが、イギリスの学者には、第二次大戦後にイギリスと旧植民地諸国との間にできたコモンウェルスと同一視する人もいるくらいである。

そして、この第Ⅱ巻の冒頭にとりあげた第一次ポエニ戦役も、イタリア半島とシチリアの地勢を見ただけでも、侵略戦争と断ずることはむずかしい。第二次ポエニ戦役に至っては、完全に防衛戦争である。自国内に攻めこんできた者に対して防衛に立つのは、どの民族にも認められている自衛の権利である。

ところが、これからとりあげる紀元前二〇〇年以降のローマ人に対してとなると、非難派が頭をもたげてくる。

非難派のあげる理由は、紀元前二〇〇年以降のローマは帝国主義的路線を選択した、というわけだ。帝国主義とはなつかしい言葉だが、日本の辞書によると、政治・経済・軍事上の目的から自国の膨張をはかる侵略主義、と定義している。

しかし、日本語では帝国主義と訳されているインペリアリズムだが、この言葉が使われはじめたのは十九世紀からにすぎない。つまり、産業革命以後に生れた表現で、古代では誰も言っていない。ローマ人に〝侵略〟された民族の一つであるギリシア人ですら、使っていない言葉である。

とはいえ、インペリアリズムとは、絶対主権を意味するラテン語のインペリウムを頭において造り出された言葉であるのも確かだ。では、ローマ人の〝帝国主義〟とは、何であったのだろう。また、それは、どのようにしてはじまったのか。そして、この時期のローマ人のインペリアリズムは、悪と一刀両断してすむものであったのか。

「ザマの会戦」の勝者スキピオの凱旋式《がいせんしき》の余韻もまだ消えないローマを、アテネを先頭にしたギリシアの都市国家の代表たちが訪れた。第二次ポエニ戦役の勝利を祝うというのが訪問の公式の目的だったが、元老院議場でこの人々が言ったのは、祝いの言葉だけではない。彼らは、マケドニア王国の行動を侵略であると訴え、ローマの力でそれを押えてくれるよう要請したのである。

ローマ元老院には、「第一人者《プリンチェプス》」と呼ばれる地位がある。議長ではないが、元老院議員三百人のうちの第一位にある者とされ、最初か最後かに発言する権利をもつ。ゆえに、ローマの国政を事実上動かしている元老院の中でも、最大の影響力を行使するのが「第一人者」であった。紀元前二〇三年に死ぬまで、この位置にあったのはファビウスである。ハンニバルに抗する持久戦法の主唱者であり年齢も七十歳前後のファビウスならば、「第一人者」の席に坐るのも自然に映ったであろうが、第二次ポエニ戦役終了後の「第一人者」に選ばれたのは、三十四歳のスキピオだった。元老院は、この救国の英雄に、アフリカヌスという尊称を贈るとともに元老院内での「第一人者」にすることで報いたのだが、こうも若い「第一人者」はやはり異例だった。しかも、これ以後のほぼ十五年間のローマ元老院の外政は、このスキピオ・アフリカヌスの主導で進むのである。

戦場での一級の武将の影響下に入ったからといって、ローマの外政が覇権主義に一変したのではない。スキピオは、ローマまでの沿道に待ちうけた人々が彼に向って投げた花は、勝利を祝うとともに平和の回復を祝う想いのあらわれであることを知っていた。ギリシアのポリスの代表たちによる軍事介入の要請は、はじめのうちは元老院からさえも、困惑気味に受けとられたのである。

スキピオが率いる形になった元老院は、この問題をまず話し合いで解決しようとした。

当時、第二次ポエニ戦役の十六年間を好意的中立でいてくれたエジプトに感謝するために、執政官クラスの元老院議員四人で構成された使節団がプトレマイオス王朝に派遣されていたのだが、そのうちの一人を、マケドニア王国の首都ペラに急派したのである。フィリップス王との直接の話し合いで、マケドニア軍の軍事行動を中止させようとしてであった。だが、これは失敗に終った。南下を開始していたマケドニア軍は、早くもアテネに迫る。ここに至って、ローマは態度を決めねばならなくなった。

マケドニア以外のギリシア諸都市は、ローマが対ハンニバルで苦闘していた時期の同盟国である。紀元前二一六年のカンネの会戦を機に、勝ち誇るハンニバルと共闘しようと考えたマケドニア王フィリップスがハンニバルと同盟を結んだ時期、ローマの呼びかけに応じてマケドニア軍の封じ込め作戦を第一線で担当してくれた国々である。同盟国が攻撃を受けたときは支援に駆けつけるのが、ローマの鉄則であった。しかも、今や攻めこまれて困っているギリシア諸国は、ローマが困っていた時期に助けてくれた国々である。ローマが果さねばならない責務は、二重であったのだ。

加えて、マケドニアに対して「お灸《きゅう》をすえる」必要も、元老院は感じていた。結果的には実現しなかったが、マケドニアとハンニバルの共闘戦線が実現していたとしたら、ローマはどうなっていたか。また、マケドニア王フィリップスは、その後ローマと単独講和を結んでいながら、ザマの会戦時にはカルタゴの要請を容《い》れて傭兵《ようへい》団を送っている。カルタゴでさえ独立国として存続を許したくらいだから、マケドニア王国の滅亡など考えもしなかった元老院だが、「お灸をすえる」必要では全員が一致した。

ところが、この元老院の決定に、市民集会が反対したのである。理由は、自国の安全がおびやかされているわけでもないのに、たとえ同盟国支援のためとはいえ反対だというのだった。賛成票を投じた百人組《ケントゥリア》が一つもなかったというから、第二次ポエニ戦役直後のローマ人は、心から平和を欲していたのである。

だが、国政を決める元老院は、このままでは引きさがれない。紀元前二〇〇年度の執政官に選出されていたガルバが、演壇の上から市民たちに訴えた。要旨のみを紹介すると、次のようになる。

――ハンニバルがサグントを攻めたときにただちに支援に駆けつけていたとしたら、第二次ポエニ戦役の戦場は、イタリアではなくスペインであったにちがいない。メッシーナにただちに支援に駆けつけたことによって、第一次ポエニ戦役の戦場がシチリアであったように。ローマは、同盟都市サグントからの支援要請をハンニバルとの話し合いで解決しようとしたために時を逸し、イタリアを戦場にしてしまった。その結果としての長く苦しい十六年間は、誰もが一生忘れることはできないだろう。

マケドニア王フィリップスが今アテネに対して行っていることは、十九年昔にハンニバルがサグントに対して行ったことと同じではないか。サグント攻略に成功したハンニバルがイタリアに侵入してくるまでに五ヵ月かかったが、マケドニア王にもしもアテネ攻略を許すとすれば、その彼がコリントから海路イタリアに来るまでに五日しかかからない。問題の解決は早めに成されるべきであって、自分の家の庭に敵が侵入してきてからでは遅いのである。――

執政官ガルバのこの演説の後で行われた再投票では、市民集会はマケドニアに宣戦を布告することを賛成多数で可決した。だが、ギリシアに派遣する軍団は志願兵とすること、という条件つきの可決である。軍事介入に、諸手《もろて》をあげて賛成したわけではなかった。

それでも、ローマの介入を知ったマケドニア王は、アテネに迫っていた軍は引き揚げたが、軍事行動を中止したわけではなかった。侵略の目標を、南のアテネから東のペルガモン王国とロードス島に変えただけである。

これでは、ローマにとって、事態は少しも変らなかった。アテネはマケドニア封じ込め作戦当時のローマの同盟国だったが、ペルガモンやロードスも、マケドニア封じ込め作戦を共同で行った同盟国であったからである。

結局、介入をやめる理由を見出《みいだ》せないローマは、少しずつギリシアに深入りしていくことになる。それはある意味で、すれっからしのギリシア人に、この面では初心《うぶ》なローマ人が利用されたと言えないこともない。ただし、この場合も、策に溺《おぼ》れたのは策士のほうであったのだが。

ヘレニズム諸王国

紀元前三二三年は、十年という短期間の間にヨーロッパとアジアにまたがる地方の制覇を成しとげたアレクサンダー大王が、三十三歳の若さで死んだ年である。彼の大帝国はその後、配下の将軍たちの間で分割された。

マケドニアのアンティゴノス王朝、シリアのセレウコス王朝、エジプトのプトレマイオス王朝の誕生だ。この他に、中程度の王朝としてはペルガモンがあり、またギリシアでは例によって、多くの都市国家が分立していた。

文化的ならば、私たち後世の人間は、ヘレニズム時代と呼ばれるこの時期、エジプトのアレクサンドリアを中心に見事な文化が花開いたことを知っている。だが、政治的には、紀元前三二三年からローマが進出してくる前二〇〇年までの百年余りを、これらのヘレニズム諸国は同盟と抗争をくり返すことで過してきた。記念貨幣に刻まれた王たちの横顔を見ていると、彼らの容姿の似ていることに驚かされる。クレオパトラという女の名も、エジプトにかぎらずシリアでもペルガモンでもやたらと多い。諸王朝間の結婚のくり返しの結果なのだ。

ヘレニズム諸国の支配者たちはあくまでもギリシア人であり、彼らの間でならば国境を越えた交流は盛んでも、国境の内側では、これだけはまことにオリエント的に、国民間の階級差は硬直したままで変らなかった。諸民族の交流というアレクサンダー大王の壮大な意図は、ヘレニズム世界の主役が大王と同じギリシア人でありつづけた間、皮肉なことに実現しなかったのである。

それでも、オリエントの民をギリシア人が支配していたエジプトやシリアでは、支配されることに慣れている民を相手にしているだけに問題は少なかったが、支配されることに慣れていないギリシア人を支配下におくことになったマケドニア王国では、支配者と被支配者の間には常に緊張関係が存在しつづける。なにしろ、ギリシアにおける被支配者とは、百人いれば百の意見が並び立つ、と言われたギリシア民族であった。

アテネが衰退し、スパルタの覇権もつづかず、アレクサンダー大王の父の時代にマケドニアの軍事力に屈したギリシア人だったが、紀元前三世紀から前二世紀にかけてのこの時代は、南ギリシアの諸都市で結成されたアカイア同盟と、中央ギリシアの諸都市で結成されたアエトリア同盟が、支配者マケドニア王国に盾突く状態にあった。スパルタもアテネも、これに参加したりしなかったりというわけで、全ギリシアが対

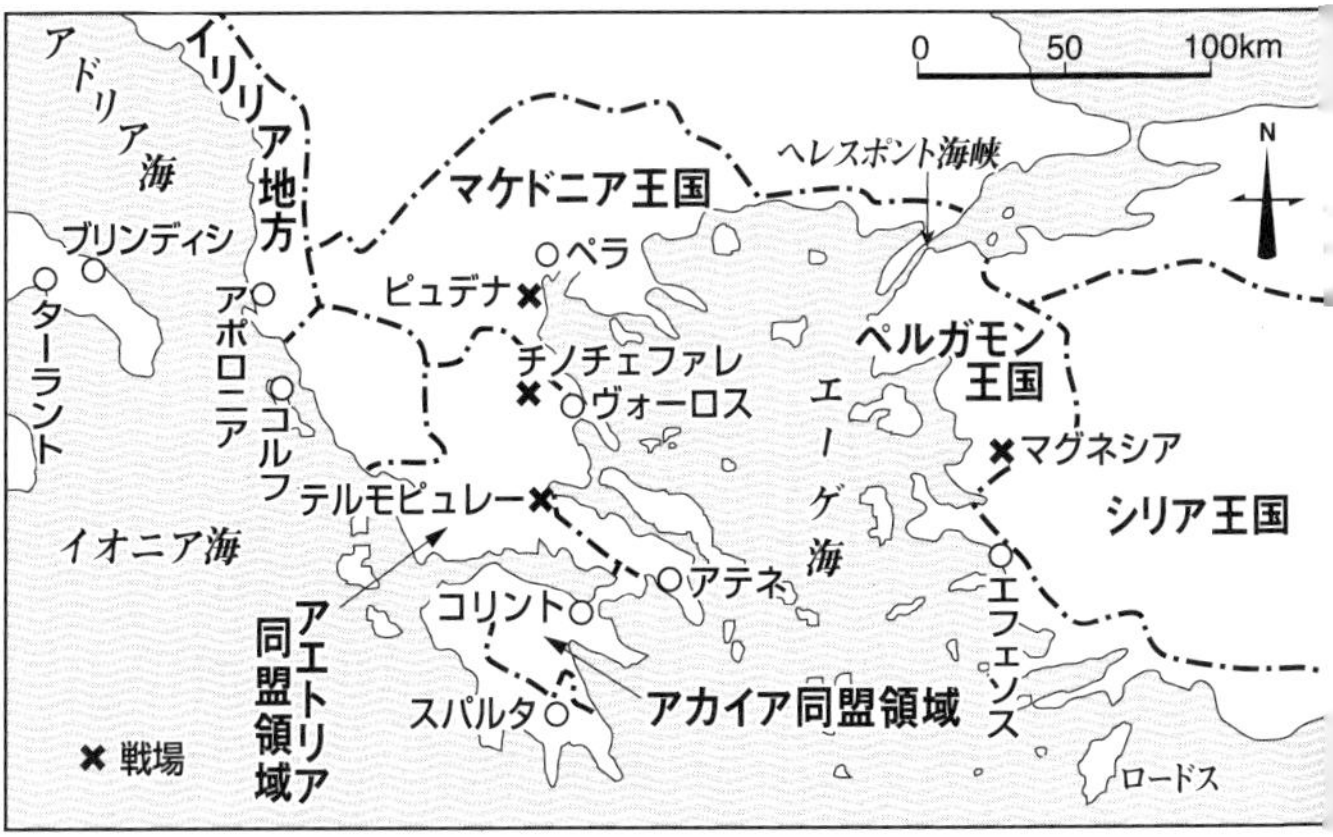

紀元前三世紀から前二世紀のヘレニズム世界

マケドニアに合同して立ちあがったことはない。たとえ合同したとしても、彼らの力だけではやはり、マケドニアに歯が立たなかったのだ。かといって、マケドニア王国の支配下に安住するには、ギリシア人の自主独立の精神が承知しなかった。

このギリシア人たちが、新興勢力であるローマに眼をつけたのである。彼らは、ローマがマケドニアを追い払ってくれれば、自分たちは自由と独立を回復できると考えた。だが、ローマ人には、マケドニアにお灸をすえる意図はあっても、マケドニアを滅亡させる意図はなかった。このちがいが、紀元前二〇〇年からはじまったギリシア戦役を複雑にする。

ギリシアへの軍事介入を複雑にした原因

は、当時のローマ人のギリシア文化への傾倒もあった。元老院に隠然たる勢力をもつようになったスキピオも、そして第一次のギリシア戦役を直接に担当することになるフラミニヌスも、ローマ人の間でも有名なギリシア好きだった。彼らにとっては、マケドニアの攻勢にさらされているのがアテネであるというだけで、義勇軍にでも参加したい想いであったのだ。マケドニアの圧政からギリシア諸都市を解放する。三十歳を越えたばかりの最高司令官フラミニヌスは、心からこれを信じていたようである。

マケドニア軍とローマ軍の間で闘われた第一戦は、紀元前一九七年、テッサリア地方のチノチェファレで行われた。ローマ軍といっても、二万の総勢の半ばしかローマと「ローマ連合」の兵は参加していない。残りの一万は、ギリシア諸都市からの兵で構成されている。対するマケドニア軍は、二万六千。軍事介入を決めてから三年も過ぎての決戦といい、参加しているローマ兵の少なさといい、ギリシアへのローマの軍事介入がためらいがちであったことを示している。

しかし、混成軍ではあってもローマ軍は、総指揮のフラミニヌス以下、もはや完全にスキピオ式の戦術を会得《えとく》した武将たちに率いられていた。軍勢の各部門を有機的に活用する戦法によって、敵の主戦力の非戦力化にこのときも成功する。マケドニア王が自ら率い、ヘレニズム世界では無敵の名声を誇っていたマケドニアの重装歩兵《ファランクス》も、ローマ人の戦術の前には敗退するしかなかった。西地中海ではローマ人が、血を流しながらもハンニバルに学んでいた間、東地中海では、正面からの力の激突の有効性を、誰も疑わないで過していたのである。

会戦の結果は、東地中海地方の人々を震駭《しんがい》させた。マケドニア軍の戦死者、八千。捕虜は五千。それに対してローマ側の死者は、七百に過ぎなかった。

マケドニア領内に逃げ帰った王フィリップス五世は、戦死者埋葬と講和の交渉のための休戦を申し入れてきた。最高司令官フラミニヌスは、これを受ける。だが、ローマ軍に参加していたアエトリア同盟の諸都市が、これに不満を唱えた。このままマケドニア領内に攻め入れば、マケドニア王国を壊滅できると主張したのである。そして、ローマ人は開戦前はギリシア人の意見を聴いたが、戦闘終了後は独断で決めると言って抗議した。それに、フラミニヌスは、こう答えた。

「ローマ人の伝統は、敗者さえも許容するところにある。ザマで敗れたハンニバルへの対し方が、それを如実《にょじつ》に示している。

敗者の絶滅は、ローマ人のやり方ではない。武装した敵に対しては武装した心で対するしかないが、武装を解いた敗者に対しては、こちらも武装を解いた心で対するのが、これまでは常にわれわれのやり方であった。ゆえに、今回もそれを踏襲するのが、ローマ人から軍勢をまかされたわたしの任務である。

それに、もしもマケドニア王国が消滅しようものなら、これまで常にギリシアの北辺をおびやかしてきたケルト人やトラキア人に対して、誰がギリシアを防衛するのか。ギリシア人は、視野を広げるべきと思う。マケドニア王国と共存する道を探り、それによってマケドニアが以後も侵略してこないようにするべきではないか」

その年の冬、マケドニアとの講和が調印された。内容は、次のとおりである。

一、ギリシア人の住む都市は、完全な自治を回復する。マケドニア王は、以後これを尊重する。

二、マケドニア王国領でないのにマケドニアが支配下においていた地方は、すべてローマ軍に引き渡す。これらの諸地方に駐屯していたマケドニア軍は、翌年の春までに撤退する。

三、マケドニアはローマに、五隻《せき》を除いた全軍船を引き渡す。

四、マケドニア軍の兵力は、以後五千兵にかぎること。

五、マケドニア領外での戦闘は、ローマの許可なしには行わない。

六、賠償金として、一千タレントを支払う。五百はただちに、残りは十年間の分割払いとする。
七、ローマの同盟国であるペルガモンとロードス島に、戦いを仕かけてはならない。
八、王の次子デメトリウスを、ローマに人質として送ること。
九、アテネには、レムノスその他の島の領有を認める。

平和は回復した。しかも、多くのギリシア人が望んだように、マケドニア王国の侵略行為を阻止するという形で回復した。だが、ギリシア人たちは半信半疑だった。ローマは、アレクサンダー大王の栄光に輝くマケドニアを敗北させた、勝者なのである。そのローマが、ギリシアをどうするつもりか。自治を認めると言うが、それはほんとうか。東地中海では、勝者が法なのであった。

翌、紀元前一九六年、コリントで開かれる恒例の体育祭に、ローマの勝将フラミニヌスが出席するという知らせが、ギリシア中を駆けまわった。

コリントの体育祭は、ただ単に体技を競うだけの祭典ではない。一種のサミットで、ギリシア諸都市の有力者たちが一堂に会し、種々の問題を討議する場でもあった。そこに、フラミニヌスが来るという。ギリシア担当のローマ軍の最高司令官が、競技を見物するためだけにコリントを訪れるはずがなかった。

これより後は、その年七歳であったポリビウスが、後に書いた『歴史』を追う形で進めたい。ポリビウスの生家はアカイア同盟の加盟都市アルカディアの有力家系であったから、彼自身はその年のコリントの体育祭に出ていなくても、出席していた人から聴ける立場にあったのだ。

――コリントのスタディアムは、その日、満員の観衆であふれそうだった。ギリシア中から、有力者たちが全員集まっていた。彼らは、例年とちがって、眼の前でくり広げられる競技には少しも関心を示さず、観客席のあちこちにかたまっては話し合いに熱中していた。

ローマ人はギリシア人に自治を認めると言ったが、軍隊は駐留させるだろう。有名都市には駐留させなくても、戦略要地は手放さないだろう。年貢《ねんぐ》金はどうなるのか。ギリシアの独立は？　ギリシア人の自由は？

憶測で話すしかない彼らの討議は、堂々めぐりをするだけで終りがなかった。

競技が終了したとき、フラミニヌスのいる正面観客席から、ラッパ手を従えた伝達手が進み出た。そして、ラッパの音がスタディアムのすみずみにまでひびきわたった後で、観衆に静粛にするよう求めた。静まりかえったスタディアムに、伝達手の声が浸透していった。

「ローマ元老院並びに総司令官ティトゥス・クインティウス・フラミニヌスは、ここに次のことを宣告する。

今日以降ギリシア人は、完璧《かんぺき》な自由を回復する。ギリシア諸都市はローマに対し、年貢金や租税支払いの義務はなく、各自の法にそっての完全な自治を享受《きょうじゅ》し、全ギリシアから軍を撤退させるローマに対し、基地提供の義務も負わない」

たちまちにして巻き起った歓喜の渦の中に、伝達手の声はかき消されてしまった。スタディアムのすみにいて伝達手の声が聴きとれなかった人や、聴きとれても我が耳を疑った人々から、宣告をもう一度くり返してくれという声が起った。伝達手は、今度は競技場の中央にまで進み出て、フラミニヌスの宣告をくり返した。

ギリシア人には、ほとんど信じられないことであった。他民族であるローマ人が、危機に瀕《ひん》していたギリシアの独立と自由を救うために、彼らの費用で彼らの血まで流して闘い、しかもその後で全軍を撤退するということが信じられなかったのである。

いつもならば、競技終了後には人々は競技の勝者のところに駆けつけ、祝いを述べるのが見慣れた光景だったが、その日は、勝者のそばに行く者は一人もいなかった。予想もしなかった内容の宣告は、いつもならば厳粛な老人を少年に変えた。誰もが、喜びで気が狂ったようだった。

フラミニヌスのそばには人々が殺到し、ローマ兵が周囲をかためなかったら、圧殺されかねないほどであった。誰もが、見事にギリシア語を話す三十四歳のローマの武将を身近で見たいと望み、身体にふれたいと願ったからである。もみくちゃにされたフラミニヌスは、やっとの想いでスタディアムを脱出した――

ローマ人は、約束を守った。この二年後、最後のローマ兵がギリシアを後にした。その際、フラミニヌスがギリシア人に頼んでおいた唯一《ゆいいつ》のことも実現した。

それは、二十年前のカンネの会戦の年にハンニバルの捕虜になり、その買い取りをローマが拒否したためにギリシアに売り払われていたローマ兵を、探し出してほしいという依頼だった。ギリシア側が八方手をつくして探し出せたのは、一千二百人だった。二十年前の八千人は、ギリシアでの奴隷生活を経て、一千二百人に減っていたのである。奴隷なので、持主から買い取らねばならない。それに要する費用は、ギリシアの諸都市が負担した。ローマとフラミニヌスへの、ギリシア人からの感謝のしるしであった。フラミニヌスは、二十年ぶりに祖国の土を踏む、カンネの老兵たちとともに凱旋《がいせん》した。

ローマは、これでギリシア問題も解決したと思ったのである。お灸《きゆう》も、充分にすえた。ギリシアの諸都市も、マケドニアの脅威におびえることはなくなった。しかし、介入とは、それが政治的であれ経済的であれ、また軍事的であろうと何であれ、相手とかかわりをもったということである。そして、かかわりとは、継続を不可避にするという、性質をもつものでもあった。

現代の研究者たちによれば、スキピオ・アフリカヌスの影響下にあった時期のローマ元老院の対外政略は、対カルタゴ、対マケドニアとの講和の内容が示すように、穏健な帝国主義、と名づけてよいものであったという。その理由を分析すると、次のようになる。

一、覇権は、ローマがもつ。

二、それゆえに他の強国の軍事力は、自衛力の水準に落される。

三、しかし、ローマによる軍事上の占領はなく、それゆえに軍事基地も駐留軍もおかない。

四、各国の国内の自治は完全に認め、

五、それどころか、各国の経済上の繁栄が平和裡《り》に継続されることを希望する。

この時期の地中海世界の強国とは、覇権国家となったローマを除けば、カルタゴにマケドニア、それにシリアとエジプトであった。スキピオの考えていた「穏健な帝国主義」とは、ローマの覇権の許《もと》での、いずれも独立国であるこれらの国々の共存共栄であったのだ。ここにはじめて、「パクス・ロマーナ」の思想が顔をあらわす。ただし、あくまでもおだやかな形で。

しかし、何ごとにおいてもおだやかなやり方は、相手もそれに同意でないと成立しえないという欠点をもつ。ローマの覇権を認め、それに従うよう求められた強国たちは、どう応じたのか。カルタゴは？　マケドニアは？　そしていまだにローマとは剣を交わしていない、シリアやエジプトは？

第二次ポエニ戦役の敗者であったカルタゴは、戦後、ハンニバルが国内経済立て直しの先頭に立っていた。

財源の不足は増税で埋めるのを慣例にしていたカルタゴに、ハンニバルは、経費の節約と使い方の見直しによる経済の再建策を実施する。これはなかなかの効果をあげたのだが、敵もつくった。軍隊の最高司令官しかしたことがなく、また自らに強烈な自信をもつ人の常で、ハンニバルのやり方は正しかったのだが強引でもあったのだ。

もともと国論の統一が不得手なカルタゴ人だけに、ハンニバルの厳しいやり方には六年と我慢できなかった。

反ハンニバル派は、彼をローマに訴える。訴えの理由は、ハンニバルがシリア王と内通している、というものだった。

ローマは、アフリカの現状調査と銘打った視察団を、カルタゴに派遣することに決めた。ハンニバルは、視察団の目的なるものを信じなかった。五十一歳になっていたハンニバルは、身一つで祖国を脱出する。海岸までの道を夜中といえども馬を走らせた彼は、用意させておいた船に乗った。行き先は、シリアの王アンティオコスの許だった。噂《うわさ》は、真実であったのかもしれない。いずれにしても、ハンニバルが去った後のカルタゴには、ローマの覇権の下にあることに不満をいだく者はいなくなった。

ローマの軍事力に屈したもう一つの強国マケドニアだが、この国の王フィリップス五世という人物は、実に興味深い性格の持主である。

紀元前二三七年の生れだから、スキピオよりは二歳年長であり、ローマの将軍フラミニヌスに敗北を喫し、ローマとの間にローマの覇権を認めたうえでの講和を結んだ前一九七年には、四十歳になっている。しかもこの年齢で、すでに二十年以上も王位に就いている。複雑なヘレニズム諸国との関係では、ベテランと言ってよかった。また、鋭い現状認識力の持主でもある。ただし、彼の鋭い洞察力と豊富な経験量を表側とすれば、その裏側には、アレクサンダー大王以来の栄光の後継者という、暗く燃えさかる火に似た誇りが常にあった。

その彼は、フラミニヌス率いるローマ軍に完敗を喫し、勝者の出した条件での講和を結ばざるをえなくなった際に、次のように言っている。

「自立した市民の数が多ければ多いほど、その国は強く、農耕地の手入れもゆきとどいて豊かになる。ギリシアの現状は、これから最も遠いところにある。

反対に、自由な社会のあり方を進めているローマを見るがよい。あの国では、奴隷さえも社会の構成員だ。何かあるとすぐ、彼らにさえ市民権を与える。市民にしてやるだけでなく、公職にさえ就かせる。立派なローマ市民だと思って対していると、一代前は奴隷であったなどということは始終だ。

結果として、われわれは、地からわいてくるのかと思うほどに、いつも新手《あらて》のローマ人とあい対さざるをえないことになる。このやり方でかくも強大になったローマ人に、誰が勝てるというのかね」

紀元前二一六年のカンネの会戦の直後に、勝ち誇るハンニバルに対し、反ローマで共闘しようともちかけたのは、マケドニア王フィリップスにとっては、不幸な失策であったといえないことはない。だが、あれから二十年が過ぎ、ヘレニズム君主の雄とされるほどになったフィリップスだったが、ローマと剣を交じえたとたんに敗れ、ローマの覇権下に甘んずるしかなくなってしまった。英明なこの男には、その理由は充分にわかっていたであろう。講和の交渉の場でも、ローマ側の首席代表として彼の正面に坐《ざ》を占めたフラミニヌスの言に理があることも、そしてそれを認めるしかないことも、充分にわかっていたにちがいない。だが、彼の心の奥底では、通訳も混じえずにギリシア語で話してくるこのローマの勝将に好感をいだきつつも、マケドニアと比べれば新興国でしかない相手に譲らねばならない自分の立場も忘れることができず、それゆえの腹立たしさを消すことができなかったのである。

このフィリップスの屈折した気持は、人質としてローマに送っていた王子デメトリウスが、すっかりローマ・シンパになって帰国したときに燃えあがった。反対に、マケドニアに残っていた長子のペルセウスは、まるで父親の胸の奥底を見透かしでもしたかのように、ローマへの反撥《はんぱつ》を隠さなかった。それでも、現実を見る力をもっていたフィリップスの存命中は、ローマとマケドニアの間は平穏に過ぎていったのである。

しかし、ローマの覇権の下でのこの平穏を破ったのは、ローマに屈したカルタゴでもマケドニアでもなく、ローマの介入によって独立と自由を回復できた、ギリシア人であったのが皮肉だった。

ギリシアの中部に住み、マケドニア王国とは北の国境を接するアエトリア人は、紀元前一九七年の講和の当初からそれに不満だった。ローマがマケドニアを温存したことが、彼らには我慢がならなかったのだ。それを、ローマ軍に参戦した自分たちへの、ローマの裏切りとさえ感じていた。だが、彼らの力だけでは、マケドニアに歯が立たない。そして、このような場合に他国の介入を求めるのは、ギリシア人の悪い癖だった。

アエトリア人は、シリア王のアンティオコスを頼ったのである。アンティオコスのほうも、マケドニア王国の力が衰退している今が年来のライヴァル、マケドニアをたたき、ギリシアへの自国の進出には好機と見た。仲間の力が弱ったと見るやただちにそれに乗ずるのは、ヘレニズム諸国のいつものやり方である。しかも、このときのシリアには、ハンニバルがいた。

ハンニバルがシリア王に進言した、対ローマの戦略とは次のようなものであったという。

まず、主戦場は、あくまでもイタリアであるべきこと。

そのために、シリア王はハンニバルに、百隻《せき》の軍船と一万の歩兵に一千の騎兵を提供し、ハンニバルはこれを従えてカルタゴにもどり、カルタゴ政府を説得してイタリアに攻め入る。

一方、アンティオコスは残りの全軍を率い、ギリシアに攻め入り、ギリシアを制圧した勢いをかって、イタリアに上陸する。そして、ハンニバルは南から、アンティオコスは東から、ローマに攻めのぼるというのが戦略である。

壮大な戦略だが、聴くだけでも実現性が薄い。ほんとうにハンニバルがこれを進言したのかどうかも、確証がない。いずれにしても、シリア王アンティオコスのギリシア進攻の準備は進んでいた。

ローマは当初、これを外交戦で解決しようとする。紀元前一九三年、スキピオ・アフリカヌスを団長とした元老院議員三人からなる使節団が、シリア王の許に派遣された。彼ら三人は、小アジアの西岸にあるエフェソスで、王と会った。

会談は、具体的な効果もなく終った。ただし、一触即発という空気でもなかった。ローマ側は再度の軍事介入に乗り気でなかったし、五十歳になっていたシリア王は、つい先頃若い娘と結婚したばかりで、戦場に急ぐ気持がなかったからである。

この機会に、ハンニバルとスキピオとの対話がなされたという。スキピオがハンニバルに、誰を最高の武将と思うか、とたずねたという対話だ。あのエピソードが史実であれば、ハンニバルはその年、五十四歳、スキピオは四十二歳であったはずである。ザマの会戦から、九年が過ぎていた。

五十四歳のハンニバルは、はじめての宮仕えと彼の一存では何ごともやれない不自由さに、絶望していた。スキピオのほうは十二歳も若かったのだが、病いの重みをより感ずる状態にあった。若い頃からときに大病を患《わずら》うことのあったスキピオは、ハンニバルのような鉄の健康の持主ではなかったのである。二人が主人公であった時代の幕は、少しずつにしても閉じられようとしていた。

これから二年後の紀元前一九一年、シリア王アンティオコスがいよいよ動きだした。シリアのセレウコス王朝といえば、ヘレニズム諸国でも最大の領土をもつ君主である。その王の率いる六万の大軍が、ヘレスポント海峡を、アジア側からヨーロッパ側に渡りはじめたのだった。

一方、ローマも、もはやシリアとの戦端開始は不可避と見、市民集会に対し、不可避な場合の軍団派遣の承認を求めていた。軍事介入の名分は、アエトリア人の同盟協約違反と、ギリシアにあるローマの同盟諸都市へのシリア王の侵略行動阻止、の二つである。また、元老院からは各国に、兵糧《ひょうろう》を売ってくれるようにとの要請を送ってあった。海外で戦いをする以上、兵糧の確保は最重要課題であったのだ。

これに応じたエジプトは、イタリア経由でなく戦場となるギリシアに直接に、小麦を輸出することを約束する。カルタゴからも、大量の小麦と大麦を輸出する約束がとどいた。それに加え、六千四百トンもの小麦と大麦を、これは輸出でなく贈物であるとして送ってくる。だが、元老院はこれに、「ローマ市民は自分自身で支払える分のみを使うよう習慣づけられている」と言って断わった。つまり、それも買い取ったのである。

ヌミディア王マシニッサからも、兵糧の無償提供の申し入れがあったが、元老院はこれにも、カルタゴにしたと同じ回答で断わり、買い取るほうを選んだ。しかし、ヌミディア王から送られてきた五百騎と二十頭の象は、同盟国からの参戦者としてローマ軍に加えることにする。

人々が注目していたのは、ローマの要請に、マケドニア王フィリップスがどう応《こた》えるかであった。だが、多くのギリシア人の予想に反して、マケドニア王は、兵糧の輸出を約束しただけでなく、経済援助と兵力の提供まで申し入れてきた。

元老院は王の申し出に対し、経済援助のほうは、カルタゴやヌミディアに対したと同じ言葉で断わったが、兵と兵糧は、ギリシア戦線に出向く執政官にとどけられるならば感謝する、と言って受けた。

興味深いのは、カルタゴから、五十年分割払いになっていた第二次ポエニ戦役の賠償金のうち、いまだ残っている四十年分を、この機に全額支払う用意あり、と伝えてきたのに、元老院が断わったことである。賠償金の分割払いが、経済上の理由よりも政治上の理由で成されていたことを実証するエピソードだ。賠償金の分割払いがつづいている間、講和の続行も期待できたからだろう。

だが、これほどに周到な準備をしたのが無駄であったかのように、ギリシアに渡りアエトリア人と合流したアンティオコスの軍は、兵力でははるかに劣勢なローマ軍の前に、実にあっけなく敗退した。テルモピュレーで対戦した両軍は、ぶつかったときにすでにローマ軍が勝っていた。スキピオにつづくローマの若い武将たちの機動性に富む戦術の前に、数さえ多ければ勝てると信じているヘレニズム諸国の軍は壊滅するしかなかった。ローマ人がハンニバルで苦労している間に、この人々はただ安眠をむさぼっていたのである。アンティオコスは、五百騎だけに守られ、船で小アジアまで逃げ帰った。

しかし、このままで終るとは誰一人思わなかった。アンティオコスは、自国の領土外で敗れたにすぎないのである。アジアで、つまりアンティオコスの領土内での会戦で、決着をつける必要があった。

ローマ軍は、はじめてアジアに渡ることになったのである。しかも相手は、一度は敗れたとはいえ、ヘレニズム諸国中最大で最強のシリアだ。ローマはこれに、手もちの最高のカードを使うことにする。翌、紀元前一九〇年のシリア戦線には、スキピオ・アフリカヌスの投入が決まった。

なにしろ、アジアの地で雪辱を期す想いのアンティオコスは、最大の領土を持つセレウコス王朝の主《あるじ》にふさわしく、八万を越える大軍を集結中という知らせも入っている。もしもこの軍を直接に指揮するのがハンニバルであるとしたら、どうあがこうと三万の軍勢を送るのが精いっぱいのローマにとっては、楽観を許さない事態になる。ここは、最高のカードを切るしかないのだった。

ところが、スキピオ・アフリカヌスは、四年前の紀元前一九四年に、二度目の執政官を務めていた。第二次ポエニ戦役終了後のローマは、もはや緊急時は終ったと判断し、執政官は十年を置かないと再選できない以前のシステムにもどっていたのである。ローマは、寡頭政《かとう》とも呼ばれる少数指導制を採用する国家である。この種の制度は、一個人に権力が集中するのを防ぎつつ、指導層を形成する少数をフルに活用してこそ充分に機能できるという特色をもつ。ハンニバルに対して苦闘中だった時代は多くのことに眼をつぶらざるをえなかったが、あれも幸いに過去のことになっていた。

スキピオを執政官にすることができないローマ元老院は、第二次ポエニ戦役中にファビウスに対してとったやり方を復活させる。あの頃でさえファビウスを毎年つづけて執政官に就かせることができなかったローマは、代わりにファビウスの息子を執政官に選出し、参謀として同行したファビウスが事実上の総指揮をとるというやり方を採用したのだった。

スキピオの場合は、兄のルキウスを執政官にし、スキピオ自身は参謀としての従軍だ。ただし、凡才ルキウスの執政官当選はむずかしかったので、偉大なる弟のスキピオが同行することを公表しての立候補だった。市民集会は、ルキウスを執政官に選出した。その年のもう一人の執政官には、スキピオの右腕としてスペインからザマまでをともに闘った、レリウスが選ばれている。この時期までは確実に、元老院も市民集会も、スキピオの完全な影響下にあったことがうかがわれる。

四十五歳になっていたスキピオ・アフリカヌスは、公式には執政官の兄ルキウスに従う参謀としてローマを発《た》った。アッピア街道を南下し、出港地のブリンディシに向う。率いる兵力は、歩兵一万三千に騎兵五百でしかないが、ギリシアに渡れば、前年にテルモピュレーでアンティオコスを破ったローマ軍と合流することになっている。だが、スキピオの久々の出陣を知ったかつての部下たちが、沿道で待ちかまえて志願したので、その二千も加わることになった。これに、五十隻の軍船も従う。

後世の私たちは、ハリウッド製の歴史映画の影響もあって、ローマ軍といえばローマ人だけで構成されており、闘うのも彼らだけであったと考えがちである。ところが、ローマ人くらい、他民族を自軍に参戦させ、彼らとともに闘った民族もいない。総指揮権は、ローマ人がにぎりつづけたことは事実である。また、ローマ市民兵が主戦力でありつづけたことも事実である。だが、イタリア内では中伊のエトルリア人や南伊のギリシア人、アフリカではヌミディア人、マケドニアが相手のギリシアではマケドニア以外のギリシア人というように、ローマ軍は〝多国籍軍〟であるほうが普通だった。

これは、まず第一に、兵役該当者であるローマ市民権所有者が、つまり十七歳から六十歳までのローマ市民の絶対数が、この時期でさえ三十万に満たないほど少なかったからである。兵役は市民の直接税でもあったのだから、税金は課されないとした無産階級には兵役の義務も課されない。それに、現役としての兵役従事者は十七歳から四十五歳までであり、市民兵なので毎年つづけて兵役に就かせるわけにもいかない。ローマは、この程度の数の兵士たちを、活用しなければならなかった。

第二の理由は、共通の敵に立ち向うことを通じて、同盟諸国民の心にも、ローマとの運命共同体意識が生れることを狙《ねら》ったからである。

これらに加え、治安を保障し、街道と植民都市を建設することによる「インフラ整備」の結果としての生活水準の向上。これらすべてがローマにとっての最上の防衛であることを、ローマ人は知っていたのだった。

そのためには、租税を徴収できる代わりに兵力提供は期待できない属州よりも、租税も年貢《ねんぐ》金もないが兵士の参戦は期待できる同盟関係のほうを、それが可能であるかぎりローマ人は好んだ。現代の研究者のいう「穏やかな帝国主義」も、それがこの路線の推進者であるスキピオの性格に合っていたと同時に、この時期のローマの必要性にも合致していたのである。

実際、オリエントの大国シリアと、しかもオリエントの地まで出かけていって闘うのには、その近くで同盟者を確保できる保証がなければ不可能であった。シリア王との戦争に出向くローマ軍の同盟者は、「ローマ連合」加盟国からの参加兵に加え、マケドニア王のフィリップスと、ペルガモンとロードス島になる。遠征の地での兵糧の補給も、ギリシアではマケドニア、アジアに渡って以後はペルガモンが担当することになった。

ギリシアに渡ってからも、スキピオは、軍勢の威力で押し通すことはしなかった。シリア王との対決の前に、兵力の損失は避けたかった。彼は、外交を使う。ザマの勝利者の名声は、このような場合にも効力を発揮した。

まずはじめに、このたびの戦争の火つけ役でもあったアエトリア人対策があった。このギリシア民族の一部族は、対ローマに引きこんだシリア王がテルモピュレーで敗れてアジアに逃げ帰ってしまったために、ギリシアの中で孤立していた。それでも彼らは、中部ギリシア一帯に住んでいる。アジアに向うには、海路をとらないかぎり、この一帯を通過するしかない。スキピオは、この人々を武力で撃破するよりも味方に引き入れるほうを選んだ。

ただし、アエトリア人の罪状はあまりにもはっきりしているので、ただちに講和を結ぶのでは、他の同盟国の手前利口なやり方ではない。それで、スキピオは、講和交渉のためという理由で、まず六ヵ月間の休戦に調印した。代表をローマに派遣して講和の交渉をするのは、アエトリア側にまかされる。スキピオにとっては、イタリアとの間に安全な補給線を確保することのほうが先決であったのだ。

マケドニア王との関係を確かなものにしておくのも、忘れるわけにはいかなかった。これには、まずはじめに、配下の若い武将グラックスを使節役として送る。第二次ポエニ戦役当時に奴隷軍団を率いて敢闘した、グラックスの息子だった。スキピオ自身は、マケドニア側の兵糧と武器提供に関する〝事務レベル〟での同意が成り立った後で、それに感謝を表するという形で、マケドニアの首都のペラに王を訪問した。

ほぼ同年輩のフィリップスとスキピオは、ローマの覇権を認めた国の王と覇権国家の高名な武将という立場を越えて、親しいときをともに過したという。この歳《とし》になってもスキピオは、若い頃の彼を特徴づけた、おおらかな人なつこさを失っていなかった。複雑な性格のフィリップスも、そのスキピオには心を開かざるをえなかったのだ。こうして、スキピオは、アジアに渡る前に、背後の安全を確保したのであった。

シリア王アンティオコスとの戦争は、間にエーゲ海をはさんでいる以上当然ながら、海路の確保をめぐる海戦ではじまった。

その年の夏、ロードスの海軍と合流したローマ艦隊は、シリア艦隊とぶつかる。シリア艦隊を指揮するのは、他でもないハンニバル。両軍とも、百隻の軍船を投入しての海戦になった。

だが、さすがのハンニバルも海上では勝手がちがったのか、敗走したのはシリア艦隊だった。そして、海戦はもう一度行われたが、結果は同じくローマ側の勝利に終る。二度目の海戦では、ハンニバルは指揮していない。だが、この二度の海戦で敗れたことによって、シリア王アンティオコスは、これまでは手中にしていたエーゲ海の制海権を失ったのであった。ローマ軍の前に、アジアへの道は開かれたのである。

ヘレスポントの海峡を通って小アジアに渡ったスキピオとローマの全軍が南下をはじめようとしたとき、シリア王からの講和を求める使者が到着した。黒海沿岸のビティニア王に参戦を拒否されたアンティオコスには、シリア一国でローマに対戦する気が失《う》せたのだ。これも、あらかじめビティニア王に手紙を送り、シリア側につかないよう説得したスキピオの外交の成果だった。

シリア王の使者は、ローマとの講和を結ぶうえでのシリア側の条件を示した。

一、シリア王アンティオコスは、ギリシアから軍勢を撤退させたと同じく、小アジア地方のギリシア都市のうち、ローマと同盟関係にある都市の領有を放棄し、そこより軍隊を撤退させる。

二、ローマ軍の戦費のうち、半額を賠償する。

執政官ルキウスが議長を務めたローマ軍の作戦会議は、これを不充分と判断し、ローマ側の条件を提示した。

一、シリア王は、ローマとの同盟関係の有無にかかわらず、エーゲ海全域と小アジア西岸部の、すべてのギリシア系諸都市を全面的に放棄する。

二、これらの諸都市とシリア領の中間に中立地帯をもうけるために、シリア軍は、タウロス山脈より西の小アジア全域から軍を撤退させる。

三、シリア王は、戦いを仕かけた者として、戦費の全額を賠償する。

シリア王の使節は、これではとうてい受け入れられないと答えたが、王から命じられていたことに従って、スキピオとの個別の会談を求めた。病床にあったスキピオは、作戦会議には出席していなかったのである。

スキピオと会ったシリアの使節は、王から言われていたことを伝えた。先の海戦でシリア側の捕虜になっていたスキピオの息子を、身代金《みのしろきん》を求めずに返すことと、スキピオの力で、講和の条件をゆるめるよう計らってほしいと頼んだのである。多額の謝礼も、約束しての依頼だった。

スキピオは、若い息子の返還には礼を述べた。だが、謝礼は受けとらなかった。ただ、息子を無事に返してくれることへの返礼として、友人としての忠告を王に贈ると言い、ローマ側の出した条件で講和を結ぶのが、戦場でことを決するよりはシリア王に有利になるであろうと言った。だが、これはアンティオコスが聴きいれなかった。

ローマ軍は南下を再開し、シリア軍は北西に向って動きはじめた。両軍がぶつかる戦場は、小アジアの西岸にあるエフェソスの街からは内陸に入った、マグネシアの平原と決まった。

ハンニバルとスキピオの再度の顔合わせになるかもしれなかったマグネシアの会戦は、実につまらない、しかし歴史ではしばしば起る偶然で、名将同士の二回戦としては実現しなかった。

スキピオは病いで参戦しなかったし、ハンニバルは、シリア王アンティオコスが戦線から遠ざけてしまったからである。アンティオコスにはハンニバルを使いこなす器量がなかったからでもあるが、ハンニバルも、人に使われることで才能を発揮するタイプの男ではなかった。

それでも、ローマ軍がオリエントではじめて行った会戦としては、規模ならばふさわしかった。マケドニアの傭兵《ようへい》を主力にすえたシリア軍は、シリア全土から徴集した兵を合わせて、総勢六万の大軍。これに、五十四頭の象が加わる。

一方、ローマの重装歩兵を主戦力としながらも、アカイア同盟にマケドニアからのギリシア兵、それにペルガモン、ロードス、ヌミディア騎兵まで加わったローマ軍は、総勢三万四千。こちらにも、ヌミディアから到着した十六頭の象が加わる。

しかし、二分の一の兵力しかもたないのに、最終的な勝利はローマの手に帰した。両軍とも二流の戦術家が総指揮をとっていたために戦術としては見るべきものはなかったが、ローマ側の将官たちの機を見るに敏な戦法が、ローマ軍の圧勝に終った原因だった。二千人程度の指揮をまかされている将官たちにさえ、スキピオ式の戦術が浸透していたとは驚くしかない。

マケドニア王フィリップスとの会戦でも同じだったが、アレクサンダー大王によって有名になったマケドニアの重装歩兵《ファランクス》の強さが、この時期に減少したのではない。ただし、マケドニアの重装歩兵は、正面からの敵に対してその威力を発揮できるようになっている。彼らが一団となると、その長い槍《やり》を立てるので、まるで巨大なハリネズミになる。正面からの攻撃では、ハリネズミに突き刺されて終りだ。しかし、オリエント最強といわれた彼らも、側面や背後からの攻撃には弱かった。そこを、スキピオを手本にするようになった、ローマの若い指揮官たちに突かれたのである。巨大なハリネズミは、ハリを使うことなく撃破された。

敗れたシリア軍の戦死者は、歩兵騎兵合わせて三万三千。ローマ軍の損失は、三百二十四人にすぎなかった。

シリア王アンティオコスは、命からがら内陸部のサルディスまで敗走した。大王の尊称づきで呼ばれていたセレウコス王朝のアンティオコスは、兵士をもたない王に成りさがった。もはや、講和に条件をつけるどころではなかった。無条件降伏での講和を求めてきた王からの使節を迎えたのは、病いも癒《い》えていたスキピオである。スキピオは、使節に向って言った。

「われわれローマ人は、自分たちが神々の与えてくれたことを実現する存在にすぎないことを知っている。ゆえに、神々がローマ人に与えてくれたことが幸であろうと反対に不幸であろうと、それはわれわれの力による結果ではないことを知っている。だから、結果が良と出ても高慢にならず、悪と出ても絶望しないでいられるのだ。このローマ人の性向の最もよい証言者を求めるとすれば、あなた方の陣営にいるハンニバルをおいては他にないだろう。

ローマ軍がヘレスポントを通ってアジア側に渡った直後に、つまり、いまだ会戦によるリスクがローマ軍にもシリア軍にも同じであった時期に、両者は講和を話し合うために接触をもった。だが、シリア王がそれを受け入れなかったがゆえに会戦は行われ、両者の知るとおりの結果になった。

だが、両者の関係が同等から勝者と敗者に一変した今でも、ローマ人はシリア王に、以前と同じ内容の講和を提案したいと思う。即《すなわ》ち、ローマは以後シリアを同盟国とし、自治独立を完全に認め、ローマ軍はシリアから完全に引き払う。しかし、シリア軍も、ヨーロッパ側からは完全に撤退することが第一だ。

第二に、アジア側でも、小アジアのタウロス山脈を境界線とし、その北西部にはシリアは不可侵を約束すること。

第三は、戦費の賠償として、一万五千タレントを支払うことだ。（著者注・ここでのタレントはエウボエアのタレントゆえ、アッティカ地方のタレントの三分の二の値しかない。それゆえ、カルタゴへの一万タレントの賠償金とほぼ同額と見てよい）

一万五千タレントのうち、五百タレントは即時払い、二千五百タレントは、ローマの元老院と市民集会がこの講和を承認し、発効をはじめた段階に支払う。残りの一万二千タレントは、十二年間の分割払いとする。

第四、ペルガモンには、別に四百タレントの賠償金を支払う。

第五、両国の講和継続の保証として、ローマ側が選んだ二十人のシリア人の子弟を、人質としてローマに送る。

第六、ローマにとっての危険人物として、現在はシリア王の保護下にあるハンニバルとアエトリア人の指導者三人を、ローマ側に引き渡すこと」

これらの条件を述べた後でスキピオは、講和を結んでローマの同盟国になる以上、これ以後ローマは、シリアの王と王国の安全を尊重する責務を負う、とつけ加えた。

シリア王アンティオコスは、これらすべてを受け入れた。ただし、ハンニバルは、ローマ側に引き渡される前に逃亡した。はじめのうちは、クレタ島に逃げた。スキピオはそれを知っていたが、追っ手をさし向けなかった。

その後のハンニバルだが、地中海に浮ぶ島クレタでは安全と思えなかったのだろう。まもなく、黒海沿岸にあるビティニア王を頼って亡命する。そこにもローマの手がのびるようになるのは、これより六年後のことになる。

紀元前二六四年からはじまった第一次ポエニ戦役と、前二一八年から前二〇二年までの第二次ポエニ戦役で、ローマは西地中海の強国カルタゴを降《くだ》した。そして、前一九七年にはマケドニア、前一九〇年にはシリアと、東地中海の強国を二つまで降すのに成功した。残るエジプトは、当時は弱体化していたうえに、ポエニ戦役当時からすでにローマの友邦になっている。

地中海世界の覇権は、もはやローマのものだった。首都ローマは、「ローマ連合」の盟主ローマの首都を越えて、「世界の首都《カプトゥ・ムンディ》」に成り変ったのである。地中海世界の首都になったローマには、何か問題が起きると、王国や都市の代表者が陳情に訪れるようになった。覇権者は、力をもつがゆえに、裁定者であることを求められるからである。

スキピオは、戦術家としてならば、ハンニバルに大きく一歩を譲ったかもしれない。だが、政治家としてならば、彼のほうが上であったと私は思う。

私が、『ローマ人の物語』の第I巻で述べた、「パトローネス」と「クリエンテス」の関係を思い出していただきたい。ローマ社会に根強い基盤をもちつづけた、保護する者と保護される者の関係だ。ただし、この場合の関係はまさに相互の関係で、保護者は場合によっては被保護者になったりもするという、現実的なローマ人そのものに実に柔軟な人間関係である。

紀元前二〇一年から前一八七年頃まで、元老院でのスキピオの影響力は疑いもないものであったが、その時期にスキピオが考え実行した対外関係は、この「パトローネス」と「クリエンテス」の関係であったと思う。

パトローネスは、覇権国家となったローマだ。クリエンテスは、ローマの覇権を認め、その下での独立と自治を享受《きょうじゅ》する同盟国である。ローマの責務は、「クリエンテス」たちを守ることにある。

そして、ローマ人社会でのこの関係を成り立たせる基本的な要素が「信義《フィデス》」であったのと同様、ローマと同盟諸国との関係を結ぶきずなも、搾取《さくしゅ》でもなく利用でもなく、信義でなければならなかった。それゆえに、後世の歴史研究者たちは、とくに統治のセンスに敏感なイギリスの学者たちは、この時期のローマの対外政略を、「穏やかな帝国主義」とするのである。

しかし、この穏やかな帝国主義路線にも、弱点はある。「パトローネス」と「クリエンテス」の双方ともが、同じ視点に立たなければ成り立たなくなるという弱点である。つまり、次のようになると成り立たない。

パトローネスは言う。政治的外交的軍事的自由は制限されるだろうが、秩序と安全は保証する。

クリエンテスは反論する。自由か、しからずんば、死か。

人類は、スキピオの時代から二千二百年も過ぎていながら、いまだにこの両者の考えの正否に結論が出せないでいる。

しかし、「穏やかな帝国主義」も、考えのちがう「クリエンテス」たちと立ち向うことになる前に、ローマ人の内部で変化が起りはじめていた。それは、この路線の主唱者であった、スキピオ・アフリカヌスの失脚となって表面化する。

スキピオ裁判

他者よりも優れた業績を成しとげたり有力な地位に昇った人で、嫉妬《しっと》から無縁で過せた者はいない。ただし、嫉妬は、それをいだいてもただちに弾劾《だんがい》や中傷という形をとって表面化することは、まずない。嫉妬は、隠れて機会をうかがう。機会は、相手に少しでも弱点が見えたときだ。スキャンダルは、絶対に強者を襲わないからである。

アフリカヌスという尊称で呼ばれ、元老院の「第一人者」の地位を長年独占し、いざとなればローマ最高のカードはやはり彼と衆目が一致したほどのスキピオの弱点は、彼の健康状態の悪化であった。

紀元前一八七年、シリアを降して帰国したスキピオは、護民官二人から告発された。といってもはじめのうちは、被告と名指されたのはスキピオではなく、兄のルキウスである。告発の理由が、シリア王アンティオコスの支払った賠償の即時払いの五百タレントの、使途が不明であるという疑いであったからだ。対シリア戦線を担当したローマ軍の最高司令官は、前に述べた理由でルキウスであり、公式にはスキピオは参謀であったために、公式の責任者のルキウスが告発の的にされたのである。

だが、被告席に呼び出されたのは兄のルキウスでも、告発側の真の目標は自分であることを、スキピオははじめから知っていた。

告発側にとっては、五百タレントの使途追及などどうでもよいことなのである。彼らの真の目的は、スキピオの失脚にある。だが、公金の横領ではないかという、元老院内のスキピオ派も黙らざるをえなく、また大衆の関心をひくには最も適したことを告発の理由にしたのは、政敵失墜をもくろむ側としては巧妙きわまりない戦術であった。

だが、それだけになお、人一倍自尊心の強いスキピオの、とくに健康がすぐれないことから忍耐力も衰えていたスキピオの、怒りを呼ばずにはおかなかったのである。

元老院で行われた証人喚問の当日、軍団の出納簿を手に登院した兄に、スキピオも同行した。そして、いざ出納簿をめくりながら釈明しようとした兄をさえぎったスキピオは、元老院議員全員の眼の前で、パピルス紙の束からなる部厚い出納簿を、バリバリと音をさせて破り捨てたのである。そして、元老院の議場を埋める人々に向って言った。

「このわたし、プブリウス・コルネリウス・スキピオを告発する者の起訴理由に耳を傾けることは、ローマ市民にふさわしい行為であるとは思えない。スキピオが存在しなかったならば、今彼を告発している者たちも、告発する自由どころか肉体そのものさえも存在しなかったかもしれないのである」

このときのスキピオの言動を、戦史家リデルハートは、政治的にはまずいやり方だったが、人間的ではあった、と評する。

スキピオは、共和政ローマの市民として、王位を捧《ささ》げられるというような特別な待遇を欲したのではなかった。スペイン制圧の時期に、原住民たちから王位を捧げられたことがあったが、それは一言のもとに断わっている。彼はただ、自分の成した祖国への貢献にふさわしい、敬意で接してくれることを求めたのである。五百タレントの使途追及などに隠れた、失脚の試みとしてでなく。

しかし、ザマの会戦からは、十五年が過ぎていた。ローマ人とて、のどもと過ぎれば熱さも忘れることでは変りはない。年齢ならばまだ四十八歳だが、病いのために消耗しきった感じをぬぐえないスキピオのこの言葉を、人々は傲慢不遜《ごうまんふそん》と受けとったのであった。

ルキウスへの使途不明金の追及という隠れみのを、反スキピオ派はかなぐり捨てた。告発はもはや、はっきりとスキピオに的をしぼる。証人喚問ではなく、裁判になった。

翌日、スキピオを裁く裁判の場となった元老院議場で、被告スキピオを前にして、二人の護民官による論告がはじまった。しかし、その場にいた人々はみな、二人の護民官の背後にいて糸を引いているのが、以前からの反スキピオ派のリーダー格である、マルクス・カトー、歴史上では大カトー、であることを知っていた。

代わる代わる立っては論告する護民官二人は、スキピオへの弾劾を、紀元前二〇五年、即ち十七年前のシチリアでの冬営期にまで遡《さかのぼ》ってはじめた。

あの時期のスキピオは、執政官としてシチリアで、アフリカ遠征の準備に没頭していたのである。その頃のある日、南イタリアの一都市ロクリが、当時カラーブリア地方を手中にしていたハンニバルに、反旗をひるがえす可能性ありとの情報がとどく。ただちにスキピオは三千の兵を率いてロクリに向い、内部の反ハンニバル派の市民たちとの共同作戦で、ハンニバルの拠点の一つであった港町ロクリの再復に成功したのだ。

ただし、これは、シチリアを任地と決められていた執政官スキピオの越権行為であるとして、あの当時から、ファビウスをはじめとして非難する者が少なくなかったのである。だが、ザマの会戦で完成するまでのその後のスキピオの輝かしい戦績が、彼への非難を忘れさせてしまった。救国の英雄と讃《たた》えられるようになったスキピオに対しては、誰も、越権行為ではあったろうが戦略上の収穫にはちがいなかったこのロクリの一件を、口にする者はいなくなってしまったのである。それを、告発側は、十七年たってむし返したのだ。護民官は、つづける。

「シリア側の捕虜になっていたスキピオの息子を、シリア王が代償も求めずに返還してきたというのも、裏がないとは思えない。ほんとうに、代償はなかったのか。

また、アンティオコスは、何かあれば他をさしおいても、スキピオと直接に交渉しようとした。シリア戦線でのスキピオの立場は、参謀にすぎないのである。それなのに、彼は、総司令官であったルキウスをさしおき、まるで戦争か平和かを決めるのはローマの市民集会ではなく、彼一人であるかのように振舞った。これでは、独裁者以外の何者でもない。

スキピオの独善的な言行は、すでにスペインでもガリアでも、シチリアでもアフリカでも目立っていたが、今度は、ギリシアでもシリアでも示してくれたというわけである。

スキピオは、何用あってシリア戦線に参加したのか。オリエントのすべての王とすべての民に、覇権国家ローマの主《あるじ》は自分一人であり、自分一人がローマをささえているのだと示したかったからではないか。いまや、地中海世界の覇者となったローマも、実際はスキピオの影にしかすぎないのだと、他国の人々にも誇示したいがための参戦ではなかったか。彼の発言一つで、ローマ元老院はたちまち彼の意にそった決議を成し、彼のまばたき一つで、ローマ市民は戦場に馳《は》せ参じる、とでも言いたいかのように」

代わる代わる立っての護民官二人による論告は、証拠を提出できないことについて論ずるのみで、論告というよりも弾劾の演説だった。裁判の第一日目は、これだけで終った。被告の弁論は、翌日にもちこされた。

翌日、前日の論告中にスキピオがまったく口をはさまず、黙って聴いていたことで気を強くした護民官二人は、早々に議場に到着し、席について被告を待った。その日の元老院の議場は、スキピオがどのように弁明するかを聴きたい人々で埋まった。しかし、スキピオは、弁明はしなかったのである。

遅れて議場に到着したスキピオは、その日は、大勢の友人やクリエンテス（後援者）たちを従えていた。彼は、議場を埋めた人々が思わず左右に開けた道を通って護民官の席に向った。護民官の席の前まできたスキピオは、そこで振り返り、議場をひとわたり見まわした。議場内は、息の音もしないほどの静けさにつつまれ、その中で人々は彼の言葉を待った。病気も、戦場できたえた声までは、彼から奪ってはいなかった。

「護民官諸氏、そしてローマ市民諸君、今日という日は、わたしがアフリカのザマで、ハンニバルとカルタゴ軍を相手に闘い、幸運にも勝利を得た十五年目の同じ日にあたる。このような記念すべき日には、争いや反撥《はんぱつ》はひとまず忘れ、神々に感謝を捧げることで全員が心を一つにするよう提案したい。

わたしはこれから、カピトリーノの丘に向う。あそこに祭られている最高神ユピテルとユノー女神とミネルヴァ女神をはじめとする神々に、わたしと、あの戦役を闘ったすべてのローマ市民に、祖国ローマの自由と安全のために力をつくす機会を恵んでくれたことを、感謝してきたいと考える。

諸君も、よかったらわたしと行をともにしないか。そして、わたしとともに、神々に感謝してほしい。なぜなら、ローマ市民である諸君こそ、十七歳であった当時から老いたこの年まで、わたしが充分に能力を発揮できる立場を、特例をつくってまでわたしに与えてくれた人々でもあるのだから」

こう言った後で、スキピオは、答えを待たずに議場を後にした。その彼に従ったのは、友人たちやクリエンテスだけではなかった。ローマ人も、さすがに思い出したのである。元老院議員も席を立ち、傍聴の市民たちも議場を後にし、書記までが鉄筆を置いてスキピオの後を追った。その場に残ったのは、護民官二人とカトーだけだった。

フォロ・ロマーノからカピトリーノの丘に向うゆるい勾配《こうばい》の坂道は、スキピオを先頭にする市民たちの長い列で埋まった。

この日、若い頃とは一変して禿《は》げ頭に痩《や》せ細った身体をトーガに包むスキピオだったが、その彼に向けられた市民たちのひたむきな敬愛の念は、第二次ポエニ戦役を終らせてアフリカから凱旋《がいせん》した当時の、三十代の若々しい勝利者を包んだ喝采《かっさい》と花々よりも、より名誉に満ちたものであったろう。と、歴史家リヴィウスは書いている。そして、リヴィウスは、それにこうつづけた。

「この日が、スキピオが燦然《さんぜん》と輝いた、最後の日となった」

この日以来、スキピオはローマを去った。ナポリに向う途中の海ぞいの地リテルノに、以前からもっていた別荘に引きこもってしまったのだ。裁判のための召喚にも、応じようとはしなかった。

裁判の当日、召喚に応じようとしないスキピオに代わって出席した兄ルキウスが、健康上の理由であるとして、欠席を認めてくれるよう願った。だが、護民官は強硬だった。

「元老院並びに市民諸君、今やあなた方は、スキピオの尊大さの証《あか》しを眼の前にしている。総司令官であり執政官であった当時の彼に、あなた方はないがしろにされつづけた。彼が私人となった今でも、ないがしろにされることでは変りない。召喚に応じないということで元老院と市民を無視して恥じないスキピオこそ、共和政ローマの恥辱である」

護民官は、議員たちに対して、スキピオへの再度の召喚命令を議決することと、それに従わない場合の彼を強制的に連行する決議を下すことを求めた。

このとき、若い議員のグラックスが発言を求めた。人々はみな、グラックスがスキピオを非難するのだと思った。グラックスは、カンネ以後のローマの苦闘の時期を、ファビウスやマルケルスとともに闘い抜いた武将の息子である。彼しか統率できなかった奴隷軍団を率いて奮戦し、ついには戦死した元執政官の息子だった。ハンニバルに抗して闘ったのは、何もスキピオ一人ではないと、ローマ人の中でも思う人は多かったのだ。この人々は、第二次ポエニ戦役がローマ側の勝利に終ったのが、いかにもスキピオ一人の功績であるかのような風潮を、常々苦々しく思っていたのである。グラックスも、その派の一人と思われていた。

だが、グラックスの口から出た言葉は、人々の予想を裏切るものだった。彼は、元老院議員たちに、スキピオに対するこれ以上の追及はやめるよう説いたのである。

「神々より守られて祖国のためにあれほども偉大な貢献をなし、共和国ローマでは最高の地位にまで登りつめた人物が、人々から感謝と敬愛の念を捧げられた人物が、今、被告席でさらし者にされようとしている。演壇の下の席に引きすえられ、彼に対する弾劾と非難を聴くよう強制され、心ない少年たちの悪罵《あくば》さえ浴びようとしている。

このような見世物は、彼スキピオの名誉を汚す以上に、われわれローマ市民の名誉を汚すことになる」

グラックスのこの言葉は、元老院議員たちの心を動かした。スキピオ弾劾は、中止と決まった。

この年から紀元前一八三年までの四年間を、スキピオはリテルノの別荘で過す。政敵スキピオの排除に成功したカトーが牛耳るようになった、ローマには近づくことさえもしなかった。

敢然と彼を弁護する側にまわった若いグラックスには、娘のコルネリアを嫁がせる。この二人の間に生れるティベリウスとガイウスのグラックス兄弟が、私が予定する『ローマ人の物語』の第Ⅲ巻では、最初の主人公になって登場するはずだ。ローマ社会の抜本的改革を目指すことになるグラックス兄弟は、だから、名将スキピオの孫にあたるのである。

紀元前一八三年、スキピオ・アフリカヌスは、リテルノの別荘で死んだ。五十二歳だった。

偶然にも同じ年、ハンニバルも、イタリアからは遠く離れた、またカルタゴからも遠く離れた、黒海沿岸のビティニアで死んでいる。功をあせったローマ軍の一隊長が、ビティニアの王にハンニバルの引き渡しを要求し、それを知ったハンニバルが、肌身離さずもっていた毒薬をあおったからである。稀代《きたい》の戦術家は、六十四歳で死を迎えた。

このハンニバルにとっては、最良の弟子であったと同時に最大のライヴァルでもあったスキピオのほうは、アッピア街道ぞいにあるスキピオ家代々の墓所への埋葬を拒絶する。墓所が、ローマの領内にあったからだ。このスキピオの遺言を直訳すると、次のようになる。

「恩知らずのわが祖国よ、おまえにはわが骨をもつことはないであろう」

こうして、スキピオも、そしてハンニバルも舞台から去った。第二次ポエニ戦役を体験したローマ人は、鉄の健康を誇り、八十四歳まで長生きすることになるカトーを除いて、誰もいなくなったのである。ローマも、新時代に入ろうとしていた。


ちなみに、スキピオ失脚の端緒となった五百タレントの使途不明金だが、兄ルキウスがマグネシア会戦後に軍団内で大盤振舞いをして使ってしまった疑いは残ったとしても、スキピオには濡《ぬ》れ衣《ぎぬ》であったことが証明される。だが、公金横領の疑いが晴れ、スキピオの無実が証明されるのは、スキピオの死から二年がたっての後だった。


それにしても、スキピオ弾劾の首謀者であったカトーは、なぜかくも執拗《しつよう》に、スキピオの失脚を望んだのであろうか。

マルクス・ポルキウス・カトーは、当時のローマでは「新人」と呼ばれた、地方の平民階級から出て首都の政界で成功した人物である。農民をしていたこの若者を、その地方の大地主でもあった貴族のヴァレリウス・フラックスが見出《みいだ》し、中央政界に登場させた。学識も豊かで弁説が実に巧みなこの若者を、スキピオの属するコルネリウス一門と主導権を争っていたヴァレリウス一門が、自派の論客として活用しようと考えたからである。

スキピオよりは一歳年下であったカトーのキャリアは、ヴァレリウス一門の後ろだてのおかげで順調にはじまった。

紀元前二〇五年、会計検査官《クワエストル》に選出されたカトーは、シチリアの地でアフリカ遠征を準備中のスキピオの陣営を視察し、スキピオ率いる軍団の金の使いぶりが放漫であるとして、その責任者であるスキピオを告発する。だが、このすぐ後でスキピオがアフリカへ行ってザマで勝ち、救国の英雄となってしまったために、カトーの告発もウヤムヤに終ってしまったが、処女作が後の全作品の基盤を作るというのは、著作家にだけあてはまる原理ではない。政治家カトーのふるう武器は、ときの有力者への弾劾でありつづけた。

戦場での実績は、他者に比べて劣ったわけではないが、スキピオと比べれば比較にならなかった。カトーの〝戦績〟は、もっぱら元老院の議場で、つまり弁論でなされたのである。

演説の巧みさでは、群を抜いていた。しかも、彼の弁論は、スキピオのように戦場へおもむく兵士や他国の指導者に向けられたものではない。元老院議員や、市民集会に集う市民たちが相手であったのだ。となれば、この人たちに耳を傾けさせる最良の方法は二つだった。

第一に、他者の、それもとくに有力者への攻撃。第二は、意外とユーモア好きであったローマ人の気質に合わせて、演説をユーモアで色づけすること、である。

第二次ポエニ戦役を勝ち抜いたローマで、戦役中に実施されていた贅沢《ぜいたく》禁止法の解除が議題にあがったときのことだ。贅沢禁止法だから、この法律で愉《たの》しみを奪われていたのは女たちである。それで、この法の解除には反対であったカトーは、反対演説を次の一句ではじめた。

「地中海世界の覇者になったはずのローマ人の上に、もう一つ、女房という覇者がいたとは知らなかった」

もちろん議場は、笑いの渦につつまれる。

別の例は、人前で妻と親しくしすぎるという理由で、一人の元老院議員が、元老院議員にふさわしくないとして告発されたときのことだった。これに賛成したカトーに、他の議員が、ならばおまえは女房に接吻《せっぷん》もしないのか、と言ってつめ寄った。これにカトーは、次のように言い返した。

「接吻はする。ただし、雷が鳴っているときにかぎる。それでわたしは、雷鳴が大好きというわけだ」

またも笑いの渦である。とはいえ、結果のほうはどうであったのか。カトーの愉しい演説には喜んで耳を傾けた議員たちだったが、票を投ずるとなれば別だった。贅沢禁止法は、もはや戦時は終ったとして解除されたし、人前で妻と親しくしすぎるとして非難された男は、その後も元老院議員でありつづけた。カトーの愉快な演説は、意外と票に結びつかなかったのだ。しかし、その彼が珍しくもユーモアも混じえずに執拗に訴えつづけた二つのことのうち、スキピオの失脚は実現し、カルタゴの滅亡も、いずれは現実化することになるのである。

ギリシア語を完璧《かんぺき》に解し、ギリシア文化の教養も人並以上にもちながら、スキピオのギリシア好きが有名であったのと同じくらいに、カトーのギリシア嫌いも有名だった。

彼は、ローマへのギリシア文化の流入を、ローマ人本来の質実剛健さを損うものとして憎悪《ぞうお》したのである。それでいて、フォロ・ロマーノにはじめて建ったギリシア式の会堂《バジリカ》建築は、財務官《ケンソル》時代の彼が建てさせたのだった。建築様式は、ギリシア式がよければ導入する。しかし、ギリシア文明の精神の移入はまかりならぬ。これがカトーの、言ってみれば和魂洋才式の考え方であった。それゆえ、ギリシアの哲学も美術も詩文もローマ人にとっては不必要なものであり、大国となったローマに移住してきたギリシア人の各分野への浸透は、ギリシア語の教師以外は排除さるべきだと主張したのである。

だが、この彼の強い主張も、時代の流れに逆らうことでしかなかった。ギリシア人であろうとアフリカ生れの奴隷であろうとかまわず、知識豊かな者ならばまわりに集めて華やかであったスキピオのサークルのほうが、ローマの次の世代への影響力は強かったのである。カトーは、スキピオを失脚させることには成功した。しかし、時代の流れを逆流させることには成功しなかった。

それでも私が、この男を、反スキピオ陣営唯一《ゆいいつ》の確信犯と思うのは、彼が、スキピオに体現されるローマの新思潮に対し、本気で心配していたからである。

まず第一に、スキピオに代表されるギリシア文化への傾倒は、ローマの将来にとって有害であると確信していた。

第二に、スキピオによってはじまった個人主義的英雄主義の風潮も、ローマの共和政にとっては害をもたらすものと信じていたのである。

王政を排し、少数の指導者たちの合議で機能する寡頭《かとう》政では、一個人の台頭は王政につながるものとして危険視される。スキピオ自身にはその想いがなくても、彼の存在自体がこの危険を内包しているのである。カトーは、アウトサイダーで終ってもしかたのなかった自分に機会を与えてくれたことからもなお、ローマの共和体制を重んじ、その維持に執着したのだ。歴史上では、アウトサイダーのほうがかえって旧体制維持に情熱を燃やす例にしばしば出会うが、カトーの場合もこれにあたる。彼は、元老院という、三百人足らずのエリートたちの合議制を基としたローマの共和政の有効さを心から信じ、それを守るための偶像破壊こそ、自分に課された天命と確信していたようである。

そして、このカトーの反スキピオの理由の第三だが、弁の立つ彼を前面に押し出す戦術をとったヴァレリウス一門は、スキピオの影響いちじるしい第二次ポエニ戦役後の元老院の対外路線に、反対であったからである。つまり、スキピオの進める「穏やかな帝国主義」に、反対であったのだ。

カルタゴやマケドニアやシリアとの講和に見られたように、穏やかな帝国主義路線は、くり返せば次の要素から成り立っていた。

第一に、敗戦国はローマの覇権を認め、ローマの同盟国となる。それゆえに、対外戦争は、ローマの許しなしには不可とする。

第二に、敗戦国の軍備は、自衛力の水準に落される。

第三に、敗戦国の国内自治は完全に認め、それゆえに、敗戦国民はローマに、租税を納める義務を負わない。

これによれば、敗戦国といえどもあくまでも独立国であって、ローマの属州になったわけではなかった。ローマはこれらの国々から、講和締結と同時に軍を引き払っている。

しかし、この「穏やかな帝国主義」路線は、スキピオといえども、ローマに敗れたすべての国に対して行使したのではない。このやり方が行使されたのは、スキピオの勢威にかげりがまったく見られなかった時期でさえも、カルタゴに対して、マケドニアもふくめたギリシアに対して、そしてシリアに対してだけであった。

ハンニバルに協力して立ちあがった北イタリアのガリア人に対しては、また、カルタゴ勢を追放した後のスペインに対しては、ローマは、穏やかどころではない帝国主義で臨んでいる。ガリア人もスペイン人も、ローマ人に軍事力で制圧された後に、独立した同盟者あつかいは受けなかった。これらの地方はローマの属州に組み入れられ、ローマから派遣される総督によって治められ、収益の一割にあたる租税を毎年ローマに支払う義務を負った。ローマはこれに対し、街道網の敷設《ふせつ》をはじめとする「インフラ整備」と防衛を請けおう。いわゆる「ローマ化」である。

しかし、地中海の西と東ではなぜ、ローマ人の敗者への対応の仕方にちがいが生じたのか。

研究者たちは言う。ガリア人やスペイン原住民は蛮族であったのでローマ人も遠慮しなかったが、カルタゴやマケドニアもふくめたギリシアやシリアの民は、当時ではローマ人よりは文明が進んでおり、それゆえローマは、これら文明の民に対しては遠慮したのである、と。

おそらくこれも、理由の一つではあったろう。だが、私には、住民の圧倒的多数がギリシア人であるシチリアの属州化の経過を振り返ってみても、またこれより後のローマ史の歩みからみても、別の理由があったと思えてならない。

それは、北イタリアのガリア人もスペインの原住民も、数多くの部族に分れていて統一された状態になかったことである。文明の民というちがいはあっても、シチリア在住のギリシア人も、多くの都市に分れて互いに抗争していたことでは同じだった。

つまり、交渉相手を一つにしぼれない状態にあったわけだ。

外交関係は、交渉相手が明確でないと結びようがない。ポー河周辺の北部イタリアは、ガリア民族の国家として統一されていなかったし、スペインも、植民地化したカルタゴ人が去った後は同様だった。これらの地方を放棄するならいざしらず、傘下《さんか》に収めようとすれば、属州化、つまりは「厳格な帝国主義」しか方策はなかったのではないかと思う。これが、スキピオの影響下にあった時期のローマ元老院に、地中海の西と東で、異なったやり方をとらせた要因ではないだろうか。

しかし、「穏やかな帝国主義」は、軍隊を常駐させないやり方であるために、相手方も納得してそれを許容しないかぎり、失敗に終る危険を常にもつ。スキピオのやり方にカトーが反対を唱えた真の理由は、失敗に終った場合にローマ人が支払うはめになる、犠牲の大きさではなかったかと思われる。カトーは、第一次ポエニ戦役後に寛容な内容の講和を結んだあげく、その二十年後に不意打ちをくらう結果になった、第二次ポエニ戦役を忘れることができなかった。ハンニバルがイタリアに攻めこんできた年、カトーは十六歳だった。

同年輩であるのにスキピオは、カルタゴ人によって父を殺され叔父を失い舅《しゅうと》を殺されていながらも、過去よりも未来を見る性向が強かったが、反対にカトーは、過去を常に振り返っては今のわが身を正すタイプであったのだろう。

この両人の対立は、あらゆる面から、宿命的ではなかったかと思われる。そして、カトーよりもスキピオに好意をもつ私のような者には実に残念なことだが、スキピオの死のわずか四年後に、カトーの心配は当ってしまうのである。

紀元前一七九年、ローマの覇権を認め、ローマの「穏やかな帝国主義」路線を許容していたマケドニア王のフィリップスが、死んだ。王位を継いだのは、ことあるごとに反ローマ的感情を明らかにしていた、長子のペルセウスである。

ローマは、東方からもたらされるマケドニア軍増強の知らせに、神経を集中しはじめる。また、新王ペルセウスがギリシアの諸都市に対し、ローマに反旗をひるがえすよう扇動しはじめたのも気がかりだった。戦雲は、再びギリシアの空をおおいはじめていたのである。

第八章　マケドニア滅亡

（紀元前一七九年〜前一六七年）

もしかしたら、いやほとんど確実に、マケドニア王フィリップスの心中は、ローマに敗れた紀元前一九七年から前一七九年に死ぬまでの十八年間、拮抗《きっこう》する二つの想いの間でゆれ動いていたのではなかったかと思う。

現実への優れた洞察力に恵まれていた彼は、マケドニア王国の存続は、もはや新興国ローマの覇権の許《もと》でしかありえないことを認識していた。だが一方で、その現実を飲みくだすのに抵抗を感じないではいられなかったのだ。

アレクサンダー大王の死後に帝国を分割した将軍たちがそれぞれの王朝をはじめて以来の百二十年間というもの、これらのヘレニズム諸国にとっては、世界は自分たちの住む東地中海世界でしかなかったのである。地中海の西方は、彼らにとっては世界に値しなかった。強国としてはカルタゴがあったが、マケドニアもシリアもエジプトも、西方よりも東の方との関係が比べようもないほどに強かった。

これが、ローマとカルタゴとの間に闘われた第一次と第二次のポエニ戦役の間中、死闘をくり広げる両国のすきにつけ入ろうと思えばできたのに、ヘレニズム諸国に介入の動きが見られなかった理由である。カンネの大敗でローマが危機に瀕《ひん》したときに、ハンニバルに共闘を申し入れてきたのはマケドニアだが、それはマケドニアが、アドリア海東岸のイリリア地方をめぐって、ローマと直接に接触をもった唯一《ゆいいつ》の国であったからだ。ポエニ戦役という、新興ローマをつぶす最適の機会であった四十年間、大国シリアもエジプトも、中立の維持を求めたローマの要請を、何の交換条件もつけずに受け入れている。彼らの眼は、地中海の西方には向いていなかったと思うしかない。アレクサンダー大王の後継者たちは、彼らの間だけで、縁戚《えんせき》関係を結んだり戦争をくり返すことで、百二十年を過したのである。そして、ふと気がついたら、背後にローマが立っていたのだ。

だが、百二十年間も慣れたこの状態は、ギリシアの諸都市にもヘレニズム諸国にも、対ローマへの統一戦線を結成することすら不可能にしていた。

紀元前一九七年、マケドニア軍、ローマ軍に敗北。このときのローマ側の参戦者は、マケドニア以外のギリシア人に、ヘレニズム諸国では中位の王国であるペルガモン。シリアは、中立を守った。

紀元前一九〇年、シリア軍、ローマ軍に敗北。このときにローマ側で参戦したのは、アエトリアとスパルタ以外のギリシア人に、マケドニア王国である。ペルガモンもロードスも、ローマ側について、近くの敵シリアをたたくのに加わった。ローマと同盟関係にあるエジプトは、これまで常に侵略行為で悩まされてきたシリア王の敗北を、悪からぬ想いで眺めたことだろう。ギリシア人の歴史家ポリビウスは、同時代人でもあるのだが、次のように書いている。

「ギリシア民族は、絶対に、ギリシア人同士の争いをつづけるべきではなかった。われわれギリシア人は、団結し、地中海の西方で展開されていた戦争に、注意を怠るべきではなかったのである。

ローマとカルタゴとの間に闘われていた戦争は、ヘレニズム世界のギリシア人が慣れ親しんでいたものとは比べようもないほどに、局地戦どころか大がかりな総力戦であった。しかもローマは、カルタゴに対して闘い抜いたことによって、効率がよく精巧無比な戦争機械にも似た、軍隊をもつ国に変貌《へんぼう》した。この戦争機械は、遅かれ早かれ、地中海の東方にも進出してくると、考えるべきであったのだ。

われわれギリシア人は、自分たちで戦争か平和かを決める権利を獲得しようとして、互いに争った。だが、結果として、それを決める権利はギリシア民族の手からこぼれ落ちてしまったのである。ギリシア人の中に、この権利をもつ者は、一人もいなくなった」

戦争か平和かを自分たちで決められるということは、自主独立であるということである。おそらく、ポリビウスとは同時代人であったマケドニア王フィリップスも、これと同じ現実認識をもっていたであろう。ローマに敗れ、ローマの覇権を認めたうえでの同盟関係を結んだのは、彼が四十歳の年であった。四十歳の男が、その後十八年も、一度としてローマに反旗をひるがえさなかったのだ。自らの処し方を決める権利が、最終的に手からこぼれ落ちるのを、避けたいがゆえの慎重さであったと思う。

だが、ポリビウスは、ギリシア人であることは同じでも、アカイア同盟の加盟都市の一つアルカディアを代表する有力者の一人にすぎない。一方のフィリップスは、ヘレニズム世界の強国の一つ、マケドニアの王である。現実認識に立った態度決定をしたのではすまない、王者に生れた者の誇りがあったにちがいない。これが、四十歳の年にローマに屈した年から死までの十八年間、彼の心中を複雑にした原因ではなかったか。

フィリップスは、次男ではあっても、正夫人から生れた王子デメトリウスの才能と性格を愛していた。自分の後を、妾腹《しょうふく》の出でも長男であるペルセウスに継がせるのが、ためらいを感じないではいられないほどに愛していた。

そのデメトリウスが、ローマでの人質の期間を終えて帰国した。ローマ人の考える人質とはフルブライト留学生のようなものであったから、ローマの有力者の家に預けられて教育も受けた若い王子は、すっかりローマ・シンパになって帰国したのである。この息子を眺める父親の想いは複雑だった。このフィリップスの心のすき間に、妾腹の出ゆえに王位継承権への不安をもっていた、長子ペルセウスがくい込んだのである。デメトリウスがローマとの間に密約を結び、マケドニアをローマに売り渡そうとしていると、ペルセウスは父王の耳に吹きこんだ。これを、幾分かの疑いをいだきながらも、王は信じたのだ。裏切者と断定された若い王子は、弁明の機会も与えられずに、毒殺刑に処せられた。

その後まもなく、デメトリウスの罪にはまったく根拠がなかったことが判明するが、後の祭りだった。最愛の息子を殺してしまった悔恨に身も心もさいなまれながら、マケドニア王フィリップス五世は死んだ。五十八歳だった。

王位に就いたペルセウスは、父のフィリップスから、マケドニア王の誇りは受け継いだが、現実を見透す能力は受け継がなかった。シリア王アンティオコスの娘を妃《きさき》に迎え、妹がビティニア王に嫁いでいる彼は、この面でも典型的なヘレニズム君主であったのだ。マケドニア王国は、このペルセウスの許、もはや公然と軍備を増強しはじめる。ローマには、北辺のケルト族の侵入を防ぐため、と伝えた。ローマも、注意はしつつも静観を選んだ。だが、五年もすぎないうちに、マケドニア王国の軍事力は、北辺の蛮族対策とは思えないほどに強力になっていた。

再軍備を実現したマケドニアは、ほこ先をまず、東の国境を接するペルガモン王国に向けた。ペルガモンからは早速、ローマに救援を求める使者が派遣される。それでもローマは、外交で解決しようとした。視察団と銘打った特使が、まるで波状攻撃のようにペルセウスの許に送られた。だが、言を左右にするペルセウスからは、確答を得ることができない。そのうちにペルガモンからは、王弟が直々にローマを訪れ、マケドニアの侵略行為を阻止するための、ローマの軍事介入を要請する。その間、ペルセウスは、ギリシアの諸都市の不満分子たちへの働きかけをはじめていた。

もはや戦争状態突入は避けられないと見たローマは、対マケドニア戦線の結成を開始した。使節が、ギリシアからアジアにかけての諸国に送られる。ギリシアでは、西部のイリリア地方、中部のアエトリア同盟諸都市、それにアテネとアカイア同盟の諸都市が、ローマ側につくことを表明した。ペルガモン王国もロードス島も、そして王妃の実家であるシリアのセレウコス王朝までが、ローマ側につくことを約束する。ローマは、二度目のギリシアへの軍事介入に、慎重すぎるくらいに慎重に臨んだのである。

義弟にあたるビティニア王にまで中立を表明されて、ペルセウスは孤立した。だが、マケドニアは、豊かな鉱山と農業の国である。勇名いまだに消えないマケドニアの重装歩兵《ファランクス》を主力とし、オリエント全域から集めた傭兵《ようへい》を加えたマケドニアの戦力は、五万に迫るまでになっていた。

一方、多国籍軍の形をとるローマ軍の戦力は、すべてを合わせても三万を越える程度。ローマにこれ以上の兵力を送る余裕がなかったのではなく、送る気がしなかったのである。マケドニア王国は、ローマを直接に攻撃したわけではなかった。また、この紀元前一七一年の軍事介入は、第一回の軍事介入をした紀元前一九七年のように、第二次ポエニ戦役中にハンニバルと共同戦線を張り、ローマを背後から突こうとしたマケドニアに、「お灸《きゆう》をすえる」という目的もなかったのである。

このローマの想いを反映したのか、紀元前一七一年にギリシアに上陸したローマ軍の闘いぶりは、何となく相手の出方をうかがうという感じがつきまとった。そして、その翌年の展開も、にらみ合いと消極的な小ぜり合いに終始した。毎年ちがう執政官を送りこんでくるローマのやり方を、戦役遂行の意志の薄さと同一視したペルセウスは勢いづく。ローマ軍はこのペルセウス相手に、四千の兵を殺されるという敗け方までしたのである。

ここに至って、ギリシア人の間に、歴史家ポリビウスの表現を借りれば次のような現象が生じた。

「絶対に有利なチャンピオンに対して勝てるはずはないと衆目の一致していた挑戦者が、その予想を裏切って敢闘しているのを見た観衆は、一転してその挑戦者への応援に熱狂しはじめ、チャンピオンには罵声《ばせい》が集中した」

ギリシアの諸都市は、マケドニアを好意的に見はじめたのである。ポリビウスが騎士団長を務めていたアカイア同盟も、対ペルセウス戦ではローマ軍への参加を約束していたのに、いざとなると兵力提供をしぶった。他のギリシア人も、これまでの反マケドニア感情を忘れたかのように、にわかにローマ軍に冷たい眼を向けはじめていた。

ローマは、このままで放置することはできないと知る。だが、その年の紀元前一七〇年もその次の年の前一六九年も、ローマは適切な手を打てないでいた。

ローマでは、二個軍団以上の軍勢を率いるのは、執政官と決まっている。平時では、この原則は厳格に守られる。その執政官は、一年に一度開かれる市民集会で選出される。最高司令官である執政官を補佐する上級指揮官たちですら、共和政ローマでは市民集会で選ばれるのだ。常に適任者が選ばれるとはかぎらないのだった。そして、この時期のローマの一般市民の心の中では、何でギリシアにまで軍を送るのかという疑問が晴れなかったのである。

しかし、元老院は、ギリシアでの状態が予断を許さないものになっているのがわかっていた。早急にことを決する必要で、元老院は一致する。元老院は、紀元前一六八年度担当の執政官に、エミリウス・パウルスの立候補を決めた。

エミリウス・パウルスは、この年六十二歳。それまでにも、ギリシア、シリア、スペインで戦場経験を積み、輝かしい戦績をあげている。カンネの会戦時の執政官で、あのときに戦死したエミリウス・パウルスの息子だった。姉がスキピオ・アフリカヌスに嫁いだ縁で、名将スキピオの義弟でもあった。

エミリウス一門もコルネリウス一門と肩を並べるローマ貴族の名門だが、ギリシア文化愛好でも、スキピオにひけをとらない。息子二人のための家庭教師は、ギリシア語にかぎらず彫刻家まで、ギリシア人でかためていたほどである。ただ、名門貴族ではあっても経済的にはさほど恵まれなかったこともあって、息子たちの将来のためにと、二人ともを他家に養子に出していた。一人は、ファビウス家に、もう一人は、名将スキピオの息子に養子に出している。

スキピオ家の養子に入った息子のほうが、第三次ポエニ戦役でカルタゴを滅亡に導いた際の、ローマ軍の総司令官になる男だ。ゆえにこの息子だけは、高名な両家の家名をともに取って、スキピオ・エミリアヌスと呼ばれる。「スキピオのサークル」といわれ、歴史家ポリビウスも常連であったローマのギリシア文化愛好家たちの中心であったサロンを、名将スキピオの後で継いだのも、このスキピオ・エミリアヌスであった。

紀元前一六八年、執政官に選出され、対ペルセウスに向うローマ軍の総司令官となったエミリウス・パウルスは、自分が執政官に選出されたことを知るや、市民集会に注文をつけた。

「わたしを選んだのは、対ペルセウス戦の武将が必要であったからにちがいない。ならば、戦略戦術のみでなく、直属の将官たちの人選もわたしにまかせてほしい」

慣例には反したが、市民集会は、これを認めた。エミリウス・パウルスの副官たちは、こうして、彼の意のままに動くこと確かな男たちで固められたのである。その中には、ファビウス家の養子になった彼の長男、スキピオ家の養子になった末の息子、娘の嫁いだ相手のカトーの息子、それに名将スキピオの女婿《じょせい》でもあった、センプローニウス・グラックスも加わっていた。ローマ人にとっての「士官学校」は、実戦のくり広げられる戦場であったのだ。

ギリシアでの事態収拾を一任された六十二歳の武将は、まずそれを、徹底した情報収集からはじめた。ギリシア全土の地勢、気候、ギリシア諸都市の動向と民心の変移など、ギリシアに関する情報すべてを、ローマを発《た》つ前に彼は熟知していた。

マケドニア軍を率いるペルセウスが、まだ三十代の若さで容貌もギリシア風に美しく、アレクサンダー大王の再来と見るギリシア人が多いことも知った。ギリシアの民心は、三年の間ローマ軍相手に善戦してきたこの男に傾斜しつつある。エミリウス・パウルスは、このペルセウス相手の戦闘を、早急に、しかもあざやかなやり方で決めねばならないと感じていた。それに、介入とは、長びけば長びくほど介入した側に不利に変るのである。

紀元前一六八年六月、補充軍団を率いてブリンディシを出港したエミリウスは、コルフ島経由でギリシアの西岸に上陸した。上陸後は一路、ギリシアの中央部を横断してマケドニアを目指す。ローマ軍にとっては、久々の急行軍になった。敵がマケドニアの山岳地帯に逃げこまない前に、つかまえる必要があったからである。ローマの執政官ギリシアに上陸、との報がペルセウスの許にとどく前に、エミリウスとその軍は、ペルセウスが宿営していたピュデナの平原に姿をあらわしていた。

対陣した両軍の兵力は、マケドニア側が四万四千、ローマ側は、前年までのギリシア派遣軍を加えても三万でしかない。この差を知ったペルセウスは、迷うことなくローマ軍との会戦を決めた。

会戦の前夜は、月蝕《げっしょく》の夜にあたっていた。若い頃に占い官も務めたことのあるエミリウスは、この現象にくわしかった。それであらかじめ、自軍の兵士たちに、夕方の六時頃から夜の九時までは月が欠けるが心配しないように、と告げてあったのだ。反対にマケドニア軍のほうでは、月蝕に驚き、それを凶兆と受けとった兵士たちの士気は、会戦をしない前に落ちていた。

翌朝、ピュデナの平原で戦端が切って落された会戦は、両軍の投入戦力の規模を考えれば信じられないが、開戦後一時間で勝負がついてしまったのである。月蝕を凶兆と見たマケドニア軍の闘いぶりが消極的であったからというよりも、各部隊を有機的に駆使したエミリウスの戦術が、そしてその彼の意を汲《く》んで手足のごとくに動いた副官たちの指揮ぶりが、ただ正面からぶつかってくるだけのマケドニア軍を、包囲し、粉砕し、壊滅してしまったからであった。

紀元前一六八年にペルセウス相手にエミリウスが用いた戦法は、前一九七年にフィリップスを向うにまわして闘った、フラミニヌスがとったと同じ戦法であった。ということは、スキピオ・アフリカヌスの戦法であり、と同時にハンニバルが駆使した戦法で、これもともとをたどれば、フィリップスやペルセウスが輝ける先祖とあおぐ、アレクサンダー大王の創始した戦法であったのである。

これもまた、ヘレニズム諸国の長期の停滞を示す、例証の一つと言ってよいだろう。敗北とは、敵に敗れるよりも自分自身に敗れるものなのである。

このピュデナの会戦の結果だが、四万四千の兵を投入したマケドニア軍の戦死者は、実に二万五千、捕虜は六千にのぼった。一方のローマ軍の戦死者数は、百人にも満たなかったのだ。同時代人のポリビウスも書いたように、ハンニバル以後のローマ軍は、効率の良い精巧な戦争機械そのものだった。

敗将ペルセウスは、自国の首都ペラまで逃げ帰ったが、住民たちはその彼の眼の前で城門を閉め、開けようとはしなかった。やむをえずサモトラケの島にまで逃げたマケドニア王だったが、ここでも味方に裏切られ、追跡してきたローマ兵の捕虜になる。マケドニア最後の王はローマに送られ、エミリウス・パウルスの凱旋式《がいせんしき》を飾った後、家族とともに、イタリアの小都市アルバでその後の生涯を送ることになった。ヌミディア王シファチェが、隠遁《いんとん》生活を送った地だ。ローマは、ヘレニズム三大王国の一つマケドニアの、滅亡を決めたのである。ローマの〝帝国主義〟は、少しずつ厳しくなりつつあった。

だが、この段階でもまだ、ローマはギリシアを、直轄《ちょっかつ》統治の属州にしようとはしなかった。マケドニア側に立って闘った七十余りの町は、見せしめのために略奪され、住民の一部は奴隷にされた。ポリビウスもふくむ一千人のギリシアの高官たちが、危険人物と目されてローマに送られ、ポリビウスがエミリウスの家に預かりの身になったように、ローマ領内の有力者たちの家に預けられての人質生活を送るようになる。

しかし、滅亡したマケドニアも滅亡したのは王朝だけで、王国の領土は四分割され、それぞれは自治を認められ、自衛力をもつことも許された。租税は、これまでは王に払っていた分の半分はローマに支払うと決まったが、他の半分は、連邦となった四つの自治国の国内費用に残される。鉱山からの収益も、二分の一はローマに送られるが、他の二分の一は、マケドニア人のものとして残された。ローマは、覇権統治に不都合となった王朝は滅ぼしたが、マケドニア人の自治は尊重したつもりであったのだ。

だが、見方によっては寛容なローマのマケドニア処遇も、マケドニア人からすれば、使い道のない品物を贈られたと同じことになった。

マケドニア人は他のギリシア人とちがって、都市国家ポリスの伝統をもっていない。彼らが知っているのは、王による統治であって、市民の自治ではないのである。

とはいえ、ローマは、介入を早く終らせたかった。マケドニア以外のギリシア諸都市にも自治権の再確認をして三カ月もたたないうちに、ギリシアから全軍勢を引きあげている。軍事基地も、アドリア海の制海権に関係するアポロニア以外は、どこにも置かなかった。

それでも、ギリシアは、これ以後二十年にわたる歳月の間、一応は安定し、ローマの覇権を認めつつも自由と独立を享受《きょうじゅ》することになるのである。

ローマは、このギリシアに、ローマ式の街道さえも敷設《ふせつ》しなかった。ギリシアにはすでに、高速道路式の街道が存在したわけではない。ローマが、ギリシアにも軍団の移動に好都合な街道が必要であるとは、思わなかったのである。つまり、当時のローマ人は、もう一度ギリシアに軍事介入しなければならなくなるとは、考えていなかったということだ。

しかし、これをローマ人に考えさせるようにしたのは、ポリビウスも認めたように、またもギリシア人自身であった。

第九章　カルタゴ滅亡

（紀元前一四九年〜前一四六年）

歴史を後世から眺めるやり方をとる人の犯しがちな誤りは、歴史現象というものは、その発端から終結に向って実に整然と、つまりは必然的な勢いで進行したと考えがちな点である。

ところが、ほとんどの歴史現象は、そのようにはきれいに進まない。試行錯誤をくり返したり、迷って立ち止まったり、まったくの偶然で方向が変ったりしたあげくに、後世から見ると必然と思われる結末にたどりつくものなのである。

お灸《きゅう》をすえるつもりが王国の滅亡に至ってしまった例は、マケドニア滅亡の項で述べた。それでも、マケドニア王国の例は、自ら蒔《ま》いた種を刈りとらされたわけだから、同情の余地はあまりない。だが、カルタゴ人となると、気の毒としか言いようがない。第二次ポエニ戦役でローマに敗れて以来の五十年間というもの、カルタゴ人は、ローマの覇権の許《もと》で平和に生きてきたからである。

このカルタゴの滅亡は、二重にも三重にも重なり合って起ってしまった、不幸な偶然がもたらした結果であったとしか思えない。

ローマ人が「ハンニバル戦争」と呼んだ第二次ポエニ戦役終了後のカルタゴは、属州にもならずに独立した自治国家のままで存続したが、明らかに二級の国家に落ちていた。

軍備も、弱小国相手にしか通用しない水準に落され、他国との交戦権も、ローマの承認なしには行使できないように変っていた。

スペインやシチリアやサルデーニャなどの海外領土のすべてを失ったカルタゴは、その経済力の基盤を、本国アフリカの農園経営におくしかなくなっていた。鉱山経営などは昔日《せきじつ》の夢であり、ために工業の発展も望み薄だった。この面では、イタリア内のトスカーナ地方やスペイン、それに今ではマケドニアの鉱山まで手中にしているローマのほうが、圧倒的に優勢であったのである。

通商国家としても、昔日の面影はもはやなかった。農園からの収穫が主産物では、交易物資もかぎられてくる。それに、ローマの同盟国として有利に立つ南伊やシチリアのギリシア人という、強力なライヴァルさえいたのだった。

だが、ローマ人がラテン語に訳させたという農園経営の書をあらわすほどだから、カルタゴの農園の生産性は高かったのだ。また、現代からは想像するもむずかしいが、古代の北アフリカは、地味豊かな地方だった。農園経営には最適の地味の、しかも広大な耕地を、カルタゴ人は実に効率的に運営したのである。生産性が高かったのも当然であったろう。

それでもなお、私には、カルタゴの滅亡で終る第三次ポエニ戦役勃発《ぼっぱつ》の要因を、カルタゴの経済力にローマが嫉妬《しっと》したからである、とは思いがたいのである。

たしかに、「ハンニバル戦争」で敗れたカルタゴは、経済面だけにしても再建された。だが、経済力のみをとり出して比較すれば、敗戦後五十年を経た時期のカルタゴは、ローマを圧するまでの経済大国になっていたとは言えない。

見事な出来のカルタゴ産のいちじくをもち帰り、それを元老院で見せ、これほども豊饒《ほうじょう》な果実を産出する力をもつ敵が海路三日の距離にいる、と言ってカルタゴ壊滅を主張したカトーのエピソードは有名だが、巧みなアジテーター、カトーのことである。最も人々が納得しやすいことを示して、人々の視覚に訴えたにすぎない。

だが、経済面では再建されたカルタゴには、経済力だけならばローマを心配させるほどではなかったにしても、「ハンニバル戦争」をはじめたという〝前科〟があった。

一応の経済力をもつ国ならば、傭兵《ようへい》を集めるのは簡単である。そして誰が、このカルタゴに、二度と「ハンニバル」は生れないと断言できたであろうか。

過去への強迫観念から自由になれない性質の人と、過去を越えることのできる者のちがいは、スキピオ・アフリカヌスとカトーの二人について述べた箇所でふれた。スキピオは死んだが、カトーはこの時期、八十歳になっても健在だったのである。

このカトーの反カルタゴ・キャンペーンは、執拗《しつよう》をきわめた。彼は、別のことを論じた演説でも、その終りには必ず、次の一句をつけ加えることを忘れなかった。

「とはいえ、わたしは、カルタゴは壊滅さるべきと考える」

しかし、ローマの国政を決める元老院議員のすべてが、カトーに賛成であったのではない。それだからこそ、カトーは、右の一句を執拗にくり返す必要があったわけだが、スキピオ・アフリカヌスが失脚し世を去った後も、元老院には、生前のスキピオの進めた「穏やかな帝国主義」路線に、共鳴する者が少なくなかった。その代表格が、スキピオの娘婿《むすめむこ》でもあった、スキピオ・ナシカである。戦場でも政界でも一級人物であったこの男は、老カトーに対抗して、あらゆる発言の最後を次の一句でしめくくった。

「とはいえ、わたしは、カルタゴは存続さるべきと考える」

だが、ローマでのこの微妙なバランスを崩すことにつながる一突きは、実はカルタゴ側からもたらされたのである。

ローマの「クリエンテス」つまり被保護者となった第二次ポエニ戦役後のカルタゴは、同じくローマの「クリエンテス」であるヌミディア王国の勢力拡張に悩まされていた。

ローマの覇権を認めたうえでの同盟国という立場では同じでも、カルタゴとヌミディアを、ローマ人が同一視していなかったとしても当然である。ヌミディアは、当時もなお健在の王マシニッサが、スキピオ・アフリカヌスと協力して、ザマでハンニバルに勝ったという実績がある。

また、ヌミディアはローマ軍に兵力を提供し、ギリシア戦線でもシリア戦線でもローマ軍中にヌミディア兵の姿があったが、カルタゴの参加は小麦の供給にかぎられていた。これも、ローマは援助として受けていない。代金を払って、購入したのである。あるとき、このカルタゴの使節がローマ元老院で、次のように発言したことがあった。

「われわれカルタゴ人は、あなた方ローマ人とともに、三人の王と闘った。マケドニア王フィリップスにシリア王アンティオコス、マケドニア王ペルセウスの三人である」

元老院内はこれを聴いて、嘲笑《ちょうしょう》で爆発しそうになった。議席の一角から、野次がとんだ。

「血も流さずにいて、何を言う！」

同じくローマの覇権の許で生きる「クリエンテス」でも、ヌミディアとカルタゴの地位はちがったのだ。

しかも、当時のヌミディア王国は、地中海世界の歴史地理に関する著作を書いたストラボンによれば、「王マシニッサの指導よろしきを得て、遊牧の民から農耕の民に一変した」とされるほどの強国に変貌《へんぼう》していた。このヌミディアに対するカルタゴ人の心配も、単なる強迫観念どころか現実問題であったのである。

ヌミディアの勢力浸透に悩んだカルタゴは、傭兵の募集を決めた。たちまち、六万の傭兵が集まった。

もちろん、これは、ただちにローマの知るところとなる。カトーを首席とする調査団を送りこんできたローマに、カルタゴは、ヌミディアの侵略主義を訴えた。だが、カトーでは、カルタゴの主張ははじめから通らない。これをわかったローマは、その翌年、今度はスキピオ・ナシカを首席とする調査団をカルタゴに派遣した。

スキピオ・ナシカは、ヌミディア軍をヌミディア領内にまで撤退させることに成功した。これで多くの人が、カルタゴの危機は回避されたと信じたのである。歴史家ポリビウスも何ごとも起らないと思った一人で、母国ギリシアにもどるつもりでブリンディシに向ったくらいだった。

だが、経済の才能には恵まれていても政治的な身の処し方には不得手《ふえて》なカルタゴ人は、スキピオ・ナシカが成立させた妥協策を、ローマの弱腰の証明と見てしまったのである。国内には、まだ六万の傭兵がいる。カルタゴ傭兵軍はヌミディアの国境を突破し、王国の首都まで九十キロと迫った。

これを知ったローマの元老院は激怒した。「ハンニバル戦争」終了後に結ばれた講和には、ローマの承認なしにはカルタゴは、他国相手の交戦権を行使できないとある。ヌミディア進攻は、明らかな条約違反だった。

カトーを首領格とする対カルタゴ強硬派は発言力を増し、スキピオ・ナシカ率いる穏健派は口を閉ざすしかなかった。カルタゴに派遣する、四個軍団の編成が決まった。

カルタゴ政府も、この意味はただちに理解した。しかもこの間、ヌミディア領内に進攻したカルタゴ傭兵軍は、迎え撃ったヌミディア軍に敗北さえ喫していたのである。

軽率で無用な条約違反を犯してしまったカルタゴ政府は、ローマに急使を派遣し、傭兵軍の解散と指揮官の死刑を約束して、ローマ元老院の怒りを静めようと努めた。元老院は、その言葉を信じ、軍団派遣を調査団派遣に切り換えた。

調査団の任務は、カルタゴが約束を遂行したかどうかを、現地で見きわめることにある。ところが、ローマからの調査団を迎えたカルタゴ政府は、約束の履行を小出しに行うという誤りを犯した。調査団がローマにもち帰った報告は、元老院のカルタゴ不信をつのらせただけだった。

この状態がつづくことへの危険を感じたのは、首都カルタゴよりも、カルタゴ第二の都市のウティカをはじめとする、カルタゴ国内の諸都市の住民たちである。これらの都市は代表をローマへ送り、もしもローマとカルタゴの間で戦争状態が再発した場合には、自分たちはローマ側につくと宣言した。

これを受けたローマの元老院は、対カルタゴ強硬派の独壇場と化した。紀元前一四九年の執政官の任地は、二人ともアフリカと決まった。これはもう、宣戦布告と同じだった。

動転したカルタゴは、特使五人をローマに急派し、事態の釈明に努める。だが、ローマの元老院は特使五人に、執政官はすでにローマを発《た》ったと告げただけだった。宣戦の理由は、ローマの同盟国ヌミディアへの、ローマの承認なしの敵対行為である。特使五人は必死だった。無条件の全面降伏を申し出、その保証として、三百人の人質を差し出すと申し出る。元老院は、これを受けた。アフリカへ向っている執政官二人に、カルタゴとの交渉の全権を与えると記した指令が送られた。

帰国した特使五人を迎えて、今度はカルタゴ政府も、約束履行を小出しにはしなかった。アフリカの地に上陸し、半世紀前にスキピオ・アフリカヌスがカルタゴ攻略の基地にするために建設した「コルネリウス陣営地」に到着した執政官の許に、早速三百人の人質が送られてきた。執政官は、この三百人をまず、シチリアに送り出した。そして、カルタゴ政府に対し、戦争を回避するについてのローマ側の要求をつきつけたのである。

すべての攻城器と武器の提出、がそれであった。カルタゴの完全な無防備化、を意味する。カルタゴは、これを飲む。二千の石弓器に二十万人分の甲冑《かっちゅう》が、「コルネリウス陣営地」にとどけられた。執政官二人は、これに満足の意を表し、カルタゴ政府に対して、有力な市民三十人からなる代表団をローマに送り、元老院に、以後の指令をあおぐようすすめた。カルタゴ政府は、言われたとおりにした。

だが、カルタゴは運が悪かった。ちょうどこれと同じ時期にギリシアで、ローマ人を硬化させる事件が起きていたのである。

マケドニアを中心とするギリシアの地で、先王ペルセウスの庶子であるというフィリップスと名のる男が、ギリシア人の反ローマ感情の中心になりはじめていた。実際は、まったくの偽物《にせもの》であったようだ。しかし、紀元前二世紀のギリシア人は、自由と独立の意識は強くても、それを現実化し維持しつづけるための政治能力は、ペリクレスの死とともに消え失せたのかと思われるほどに、非政治的な民族になりさがっていた。かつてのプラトンの絶望が、ますます現実になっていたのだ。反ローマに立ったフィリップスにたちまち傾斜したギリシア人たちは、公式の席でも次のように言ってはばからなかった。

「ローマ人がギリシアに来るのは歓迎する。ただし、それはあくまでも友人としてであり、主人としてであってはならない」

これが満場の喝采《かっさい》を浴びたのは、ローマ軍のアフリカ進攻が報ぜられたからである。ローマがカルタゴに力をとられている今が、彼らには、ローマの覇権をはね返す好機と映ったのだ。ギリシア人であるポリビウスも、「ギリシア人はこの機につけ入った」と書いている。

しかし、ローマ人のギリシア人に対する想いも、スキピオ・アフリカヌスやフラミニヌスの時代と比べれば変っていた。ローマ人はこの半世紀の間に、ペリクレス時代を頂点とするギリシアの文明文化に尊敬を払う気持は変らなかったが、現代の、つまり紀元前二世紀のギリシア人に対しては、軽蔑《けいべつ》の想いなくしては見られないようになっていたのである。

紀元前二世紀のギリシア人も、ペリクレス時代同様、ことあるごとに自由と独立を唱えることでは変らなかった。変ったのは、自由と独立の現実化となると、他国に頼るか、でなければ友人の危機につけ入ることしか知らない点であったのだ。

これが、ギリシア人の創造した美術品や建築を愛し、文学や歴史叙述を見習おうとし、ギリシア人にラテン語を強制することなどまったく考えず、かえって自分たちがギリシア語習得にはげんでいたローマ人の、現実のギリシア民族への軽蔑の理由だった。それに、紀元前二世紀のギリシア人は、前五世紀のペリクレス時代のギリシア人とちがって、美術も建築も文学も、新しい時代を切り開く刺激的な作品を、創造する力を失っていた。

紀元前一四八年、ローマはこのギリシアに、介入ならば三度目になる軍団派遣を決める。ハンニバルに勝って以後は連戦連勝をつづけていたローマには、やはり、軍事でことを決すれば勝つという自信があったのだ。非政治的なギリシア人は、このローマを刺激してしまったのである。

ローマ人がこのギリシア人の動向に苛立《いらだ》ちを見せていた時期にローマを訪れたカルタゴの代表たちは、不運だった。ローマ人の苛立ちは、カトーが執拗に唱えてきた対カルタゴ強硬路線についても、以前よりは抵抗感を失わせていた。

ローマの指導者たちは、他民族への寛大なやり方が反対の結果にしか結びつかないことに苛立ち、そのやり方を変えるべきではないかと思いはじめていた。これに、軍事面での自信が加わる。カルタゴへの強硬きわまりない最後通告は、このような空気の中でなされたのである。

ローマとの戦争回避のためにはいかなることもすると、それへの指示をあおいできたカルタゴの代表三十人に、ローマ元老院は、これは最後通告であるとして、次のことを要求した。

首都カルタゴは破壊され、住民全員は、海岸から十ローマ・マイル（十五キロ弱）離れた内陸部に移住すること。

代表の一人は、これではカルタゴに死を与えると同じことだと言って抵抗したが、元老院の態度は変らない。代表三十人は、これを受け入れるしかなかった。彼らのうちの幾人かは、帰国の途中で逃亡した。

それでも、ポリビウスもふくめて多くの人は、これで第三次ポエニ戦役も回避されたと思ったのである。ポリビウスは、ブリンディシから発つ船に乗り、ギリシアに帰ろうとしていた。

そのポリビウスの許に、親友でもあったスキピオ・エミリアヌスからの急の使いが追いつく。ポリビウスは、乗りかけていた船から降り、使いの者とともに、スキピオ・エミリアヌスが出陣の準備をしているオスティア港に向けて、再びアッピア街道を引き返した。

ローマの厳しい要求を飲んで帰国した代表たちを迎えたカルタゴで、これを指導層の不がいなさと怒ったカルタゴの民衆が、反ローマに立ちあがったのだ。指導層の軟弱な態度は、たとえそれがやむをえないことであっても、しばしば庶民のナショナリズムに火を点《つ》けるものである。ローマの命令をもって帰国した人々は、裏切者の非難を浴びて、怒り狂った民衆の手で殺された。

首都カルタゴは、武器製造工場に一変した。籠城《ろうじょう》戦にそなえて、近郊からの食糧調達が活発化する。追放されていた対ローマ強硬派の人々が、従えていた傭兵とももども呼びもどされた。女たちまで、石弓器のロープに役立てるためと、自らの髪を切って供出した。貧富の差も消えた。首都防衛戦に参加することを条件に、囚人や奴隷までが解放された。船の沈没を見こして逃げ出した人々で人口は常よりは減っていたが、それでも首都カルタゴには、六万の人口が残っていたという。この中で防衛戦に使える兵力は、二万を数えることができた。

こうして、ローマとカルタゴは、最後のときを迎えたのである。

しかし、この「最後のとき」は、ほんとうに不可避であったのだろうか。私にはいまだに、疑問が残るのである。なぜなら、ローマ元老院がカルタゴからの特使三十人に与えた最後通告――首都カルタゴは破壊され、住民全員は海岸から十ローマ・マイル離れた内陸部に移住する、とした最後通告を、苛酷《かこく》な要求と断じたのは、後代の歴史家のみであるからだ。古代の史家たちは、そうは言ってはいないのである。

リヴィウスの『ローマ史』は、この時代をあつかった部分が中世を経るうちに消滅してしまったので、彼がどう見たかはわからない。だが、『歴史』の著者であり同時代人でもあるポリビウスは、ローマの最後通告は背徳行為ではなかったとしている。

また、古代に書かれたすべての史料を参考にすることのできたディオドロスもアッピアヌスも、強硬とは書いていても苛酷とは評していない。後代の歴史研究者たちは、この最後通告を突きつけられたカルタゴの特使の一人が、これではカルタゴに死を与えると同じだと抗弁したのを、そのまま鵜呑《うの》みにしてしまったのではないだろうか。

ローマ元老院はカルタゴ政府に、首都カルタゴの住民全員に首都を引き払い、新都市を建設してそこに移転するか、でなければ戦争か、の二者択一を迫った。だが、元老院は、その新都市建設の地までは指定していない。海岸から十ローマ・マイル離れた内陸部であること、という条件をつけただけである。海から十五キロ離れていさえすれば、新都市建設の地の選定はカルタゴ人にまかされていたのである。

それで私は、当時の地中海世界の有名な都市の、海岸からの距離を調べてみたのだった。

シチリアにあるシラクサ、パレルモ、南伊のターラント、カルタゴ人がスペインに建設した都市のカルタヘーナ、カディス、エジプトのアレクサンドリア、小アジアのエフェソスなどはみな、カルタゴと同様に海に面した海港都市である。カルタゴ国第二の都市であるウティカも、現代では海岸線が後退して内陸都市になってしまったが、古代では海に面した都市だった。

しかし、シリアの首都アンティオキアは、当時でさえ大船の航行は無理であった川を、二十二キロもさかのぼらねば着けない地に建設されている。また、通商産業都市として繁栄したアテネも、海に面していない。外港ピレウスとの距離は、八キロあった。アテネとピレウスの間には川もなかったので、テミストクレスが建造させた平行線でつづく城壁の間の通路を通って、アテネの物産はピレウスに運ばれ、そこで船に積みこまれたのである。

そして、ローマも、テヴェレ河はあっても海には面していない。ローマとローマの外港であるオスティアとの連絡は、テヴェレに沿いながらもなるべく直線に近く街道が通っていて、その距離は二十二キロである。テヴェレも、大船が自由に航行できるほどの河ではなかった。

サハラ砂漠の真中に都市を建設し、そこに移転せよ、と強いられたわけではないのである。要するに十五キロ、海岸線から離れていればよいのだ。古代の北アフリカは、緑豊かな地であった。川も多かった。仮りに川でつなぐことができなかったとしても、アテネとピレウスの距離の二倍弱にあたる距離を、テミストクレスがしたように、高く堅固な壁に守られた「廊下」に変えてしまうこともできたのである。ローマの元老院内には、スキピオ一派からなる根強いカルタゴ温存勢力があったことを忘れてはならない。そして、カトーが率いるカルタゴ壊滅派も、川舟であれ足で歩いてであれ、海を眼前にするには二十二キロの踏破は当り前と思う、ローマの住民なのであった。

一方、カルタゴ人にとっての都市は、家から一歩外に出ればただちに船の上、というものであったのだ。その彼らにしてみれば、たとえ十五キロの距離であっても、「死を与えるに同じ」になったのではないか。

このようなことこそ、しばしば民族間の争いや摩擦の原因となる、価値観の相違ではないかと思う。ローマ人からすれば、たかが十五キロ内陸に入った地に新都を建設して移転せよと言ったことに反撥《はんぱつ》したカルタゴ人が、ローマの覇権に正面きって挑戦したと映ったのではないだろうか。

とはいえ、紀元前二世紀半ばのカルタゴ人には、発想の転換ができなかったのか。首都カルタゴが天然の要害の地にあったがゆえに、他の土地への移転などは考えられもしなかったのか。それとも、大国であった歴史をもつ民族は、そこまでして生きのびることはないということであろうか。

カルタゴ落城

チュニス湾の西側に張り出した岬の先端を占めるカルタゴの市街は、天然の要害の地に建っている。まず、広い岬全体は三方が海で守られている。そのうえ、山地の迫る北側と海で守られている東側からの攻略は、ほとんど不可能と言ってよい。西側は、高さ十四メートル幅十メートルもの三重の城壁で守られ、おそらくここからの突破も、事実上不可能であったろう。

この都市を攻略する唯一《ゆいいつ》の可能性は、海港都市カルタゴの正面玄関、つまり港側にしかなかった。だが、ここに攻撃が集中するようになるのは、スキピオ・エミリアヌスが総指揮をとるようになる、紀元前一四七年になってからである。カルタゴに宣戦を布告してから二年も空費してしまったのは、ローマ側の総司令官である執政官たちが、慎重に戦いを進める型の指揮官であったこともある。また、ローマ側の戦争準備も、開戦当初から充分であったとは言いがたかった。そして、何よりも、カルタゴほどの大都市の攻城戦は、数年がかりで行われるのが常識であったのだ。しかし、ギリシアでの事態の展開が、カルタゴ攻防戦にも終結を急がせることになった。

ギリシアに三度目の軍事介入を決行したローマは、一年も経ないうちに、マケドニア王の庶子をかたった男の率いる反乱軍の鎮圧に成功していた。ここに至ってはローマも、マケドニア人の独立を尊重しようとはしなかった。四つの自治国に分割されていた旧マケドニア王国領は、自治権をとりあげられ、ローマの属州に格下げされた。

それでもまだ、ローマは、他のギリシア諸都市の独立と自治は、尊重しつづけるつもりでいたのである。だが、ギリシア人たちは、そのローマの態度を、力をもつ者の寛容ではなく、ギリシア文化に劣等感をもつ者の弱腰と見た。この時期に、ギリシアの都市国家の一つであるコリントを訪問したローマの元老院議員たちが、コリント市民から無礼というしかない態度で迎えられるという事件が起きる。これが、ローマ人に、寛容主義の限界を悟らせた。

コリントに急派されたローマ軍によって、コリントは徹底的に破壊され、美術品は没収されてローマに送られ、住民は老若男女を問わず奴隷に売られた。すきとくわで地表をならし、街そのものが消滅してしまったコリントは、不遜《ふそん》なギリシア人全体への見せしめであったのだ。

ローマ人は、三日間と期限は切ったとしても、降伏勧告を無視して最後まで闘った都市の略奪はしたことはある。これらの都市の住民を、奴隷化したこともあった。

しかし、都市そのものを地上から抹殺するような行為は、建国以来一度として行ったことはなかったのである。アテネ、スパルタに次いでギリシア三重要都市でありつづけてきたコリントの消滅は、ギリシア人に冷水を浴びせるに充分だった。旧マケドニアのようにローマの属州にはされなかったが、以後のギリシアは、ローマの覇権の許《もと》に安住することになる。何よりも自由と独立を重視した彼らが、自由と独立を失うことになったのである。その代わりに、秩序と安定を得たにしても。

紀元前一四六年は、ローマ人が、「穏やかな帝国主義」から「厳しい帝国主義」に方針を転換した年として記憶されることになる。これと同じ年にカルタゴが最後の時を迎えることになったのも、不幸な偶然がもたらした結果であった。

それにしても、カルタゴ人が求めたのが自由でも独立でもなく、ただの安全であったのだから哀れである。ギリシアの独立が失われたのはギリシア人に責任があるとする、同時代人の歴史家ポリビウスも、カルタゴの滅亡を、カルタゴ人のせいであったとはしていない。

そのカルタゴ人にもしも罪があったとするならば、それは、ローマの降伏勧告を最後まで拒絶しつづけ、自分たちの都市とともに滅亡するほうを選んだことだろう。ローマ兵の捕虜たちを城壁上に並ばせ、ローマ軍の眼の前で一人ずつ殺していったという、当時の戦いではまったくなされないことまでしたのも、玉砕の方向に自らを追いつめるためであったとしか思われない。カルタゴ人は、最後になって、自分たちの運命を自分たち自身で決めたのであった。

紀元前一四七年から前一四六年にかけての冬期の自然休戦期を利用して、ローマ軍の総司令官スキピオ・エミリアヌスは、ローマの元老院に使者を送った。カルタゴの首都をどう処遇したものかと、指示をあおいだのである。

カルタゴを港の側から攻め入る準備は、すでに完了していた。海と港をつなぐ運河の入口は、ローマ軍が築いた堤防によって、今や完全に封鎖されている。カルタゴ側が開いたもう一つの運河も、その前面の海上を常時ローマの軍船がパトロールするようになって以後は、役立たずになっていた。陸側の城壁も、多くの箇所で破られている。市内に貯蔵されていた食糧も、籠城三年目を迎えては底も見えていた。最後の鉄槌《てっつい》をくだすか、それとも講和を、またしても試みるか。

第二次ポエニ戦役を終了させたスキピオ・アフリカヌスの養孫でもあるスキピオ・エミリアヌスは、その年、三十八歳であった。戦場でのすべての行動は、最高司令官である彼に一任されている。だが、養祖父スキピオや実父エミリウス・パウルス同様に、異文化に対しても異民族に対しても開放的で偏見をもたなかったこのローマの武将には、カルタゴ人の運命を一人で決めることがためらわれたのである。

紀元前一四六年と年が変った春になって、元老院からの指令が到着した。コリント

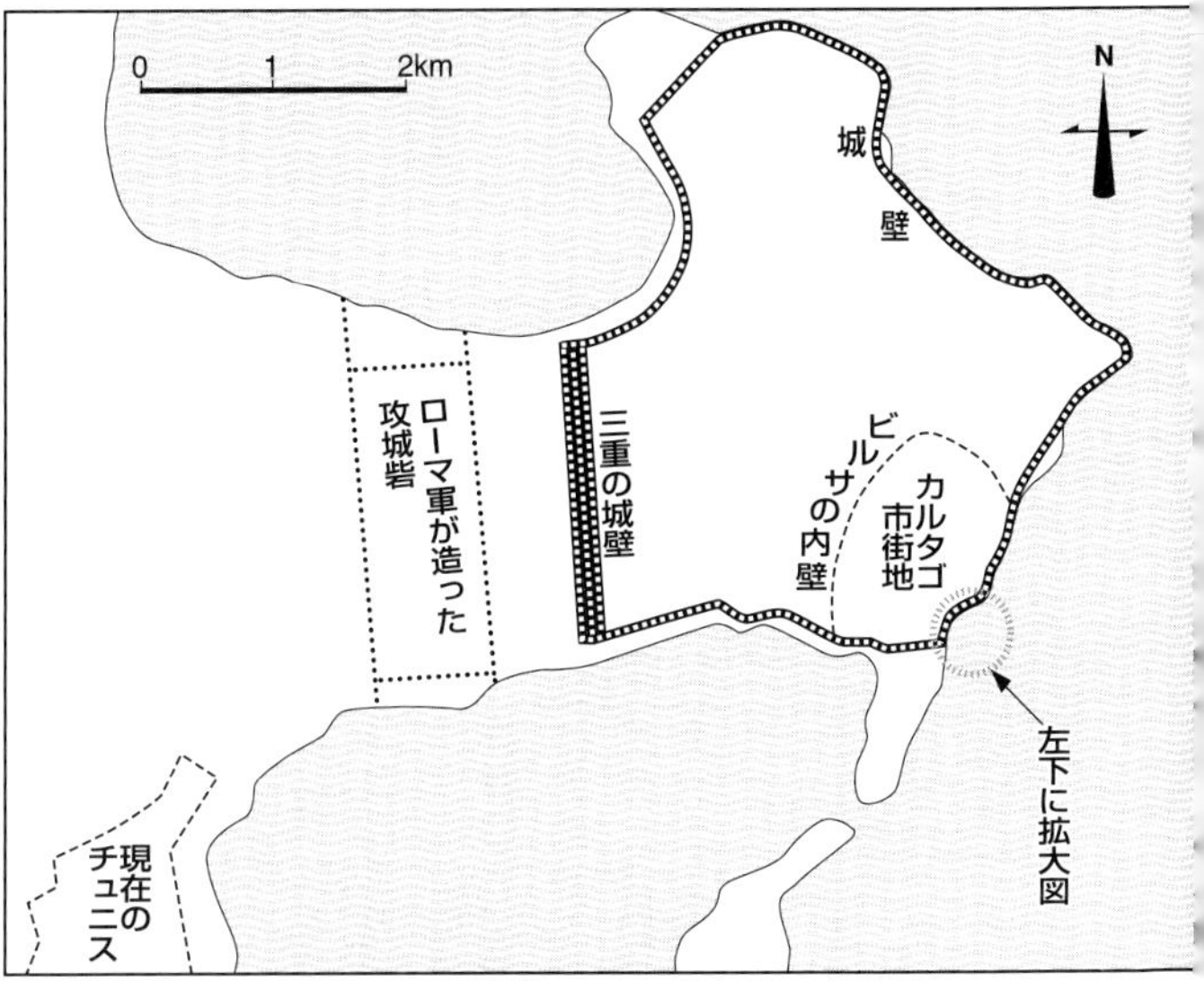

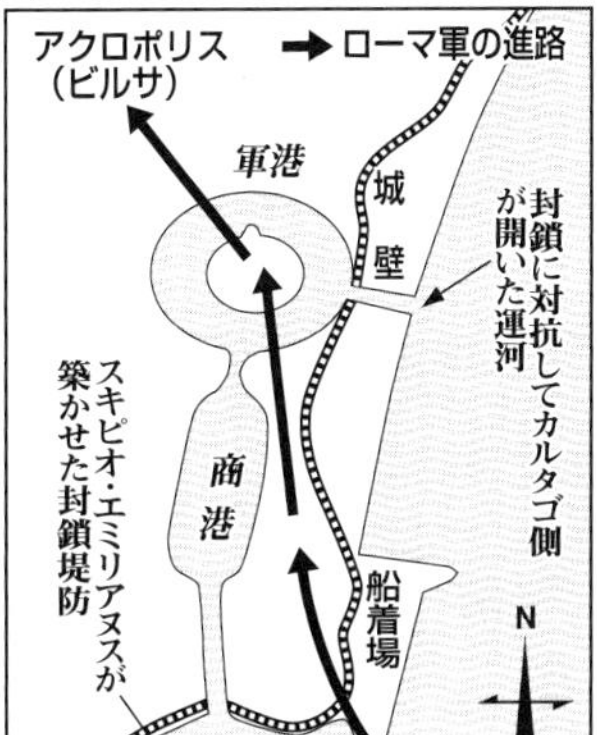

カルタゴ首都（左は拡大図）

と同じ処遇が、カルタゴにもくだされることに決まった。

海側からの進攻を開始したローマ軍に対し、防衛側はまず、外港の周囲に並ぶ倉庫や造船所に火を点けることで対抗した。その火の中で、市街戦がはじまった。一軒ごとに、一道路ごとに、制圧しながら前進し敵を追いつめていく市街戦が、六日と六夜つづいた。

七日目、カルタゴ全市の征服は、神殿の並び立つビルサの炎上で完了した。神殿を包んで燃えあがる火の中に身を投げ、奴隷よりも死を選んだカルタゴ人も少なくなかった。降伏勧告を拒否して闘った市民の、落城後の運命は決まっている。奴隷にされたカルタゴ市民は、子供まで入れて五万にのぼった。

総司令官スキピオ・エミリアヌスとの親しい間柄から、カルタゴ陥落の現場に居合わせた歴史家のポリビウスは、当然のことながら落城するカルタゴをくわしく叙述している。ただし、彼の著作『歴史』のうちでも、中世を経て残ったのがその三分の二にもならないのがくやまれるが、カルタゴ落城の場面が断片のつらなりでしか残っていないのが、最もくやまれる。それで、ポリビウスを参考にしたという、紀元後二世紀のギリシア人の歴史家アッピアヌスの著作からの引用で代えるしかないのである。

――スキピオ・エミリアヌスは、眼の下に広がるカルタゴの都市から、長い間眼を離さなかった。建国から七百年もの歳月を経て、その間長く繁栄を極めていた都市が、落城し、瓦礫《がれき》の山と化しつつあるのを眺めていた。

七百年もの長い歳月、カルタゴは、広大な土地を、多くの島々を、そして海を支配下においてきたのだった。それによってカルタゴは、これまでに人類がつくりあげた強大な帝国のいずれにも遜色のない、膨大な量の武器と軍船と象と富を所有するまでになっていた。

しかし、カルタゴは、これらの過去の帝国のいずれよりも、勇気と気概で優れていた。なぜなら、いったんはローマの要求に屈し、すべての武器とすべての軍船を供出させられていながら、三年もの間、ローマ軍の攻撃に耐え抜いたからである。それが今、落城し、完全に破壊され、地上から姿を消そうとしている。

スキピオ・エミリアヌスは、伝えられるところによれば（つまりポリビウスの伝えるところによれば）、敵のこの運命を想って涙を流したという。

勝者であるにかかわらず、彼は想いを馳《は》せずにはいられなかった。人間にかぎらず、都市も、国家も、そして帝国も、いずれは滅びることを運命づけられていることに、想いを馳せずにはいられなかったのである。トロイ、アッシリア、ペルシア、そしてつい二十年前のマケドニア王国と、盛者《じょうしゃ》は常に必衰であることを、歴史は人間に示してきたのだった。

意識してか、それとも無意識にか、ローマの勝将は、ホメロスの叙事詩の一句、トロイ側の総司令官であったヘクトルの言葉とされている一句を口にしていた。

「いずれはトロイも、王プリアモスと彼につづくすべての戦士たちとともに滅びるだろう」

背後に立っていたポリビウスが、なぜ今その一句を、とローマの勝将にたずねた。スキピオ・エミリアヌスは、そのポリビウスを振り返り、ギリシア人だが親友でもある彼の手をとって答えた。

「ポリビウス、今われわれは、かつては栄華を誇った帝国の滅亡という、偉大なる瞬間に立ち合っている。だが、この今、わたしの胸を占めているのは勝者の喜びではない。いつかはわがローマも、これと同じときを迎えるであろうという哀感なのだ」

―

陥落後のカルタゴは、城壁も神殿も家も市場の建物も、ことごとくが破壊された。そして、石と土だけになった地表は、犂《すき》で平らにならされ、ローマ人が神々に呪《のろ》われた地にするやり方で、一面に塩が撒《ま》かれた。

草も生えず、人間が住めない不毛地帯と断罪されたこのカルタゴに、再び人が住むようになるのは、ユリウス・カエサルが植民地建設を命じ、彼の暗殺で中絶したがアウグストゥス帝によって実現する、百年後になってからである。今に残るカルタゴの遺跡は、それゆえに、ローマ時代のものであって、カルタゴ人のものは少ない。

＊

紀元前七五三年に建国してから六百年以上もの歳月、ローマは、敗者であろうとも地上から抹消するようなことは、一度としてやらなかった。それが前一四六年になるや、コリント、カルタゴとたてつづけである。しかもこれらに加えて、カルタゴ消滅の十三年後には、スペインのヌマンツィアも、カルタゴと同じ運命をたどった。このときの総司令官も、カルタゴ滅亡時と同じスキピオ・エミリアヌスである。

現代の研究者たちの多くは、この三都市の破壊を、弁明の余地もない蛮行であったとして断罪する。私も、彼らに同意して済ませられたらどれほど気が楽かと思う。

しかし、この蛮行の結果ならばどうであったろう。

コリントの破壊とコリント市民の奴隷化は、百人寄れば百の意見が並立して統一できなかったという、イデオロギッシュなギリシア人の頭を冷やすのに効あった。その後もアテネもスパルタも自治都市として残ったが、この二都市をはじめとするギリシア全土は、ローマの覇権を認めたうえでの秩序ある平和を享受《きょうじゅ》するようになる。このギリシアに、ギリシア人ならば考えもしなかった、「インフラ整備」の波も押し寄せてきた。アッピア街道の終点ブリンディシとは海をへだてたギリシア側に、エニャティア街道の敷設《ふせつ》がはじまる。ギリシアでも、この意味の「ローマ化」がはじまろうとしていた。

では、スペインのヌマンツィアの破壊は、単なる蛮行であったのか。スペインの原住民は、誰にとっても平定するのが実に困難な民族であった。ハンニバル一門によるスペインの植民地化時代も、カルタゴ人はたび重なる反乱に悩まされている。それは、スペイン人が、ギリシア人のようなイデオロギッシュな民族であったからではない。彼らの非従順な気質は、険しい地勢によってつちかわれた性向であった。

このスペインの完全な平定は、反乱が起るたびに送りこまれた軍事力による制圧と、移住したローマ人の開拓作業の蓄積によって、アウグストゥス帝の時代になってようやく完了するのである。「ローマ化」の優等生であったといわれるガリア（現フランス）の人々と、この点でもスペイン人はちがった。

それでも、紀元前一三三年に決行されたヌマンツィアの徹底破壊と住民の情容赦ない奴隷化は、スペインをひとまず平定するのに役立つ。ひとまずにしても制圧したスペインにも、「インフラ整備」による「ローマ化」がはじまった。ローマから発する街道は、現代の南フランスを横断し、スペインにまで延長される。「ローマ化」の象徴であるローマ式の街道、つまり当時の高速道路は、この時期、ギリシア、イタリア、フランス、スペインを結ぶまでに拡張された。そして、マキアヴェッリも言っていた。苛酷《かこく》に対処しなければならないとしたら、それは一時に集中して成されるべきである、と。


では、カルタゴの滅亡も、この二例同様に、必要悪であったと言えるであろうか。

私には、カルタゴの抹殺だけは、不必要な蛮行ではなかったかと思う。過去に囚《とら》われた強迫観念に引きずられた、愚行であったと思うのだ。

カルタゴを滅亡させたことでローマが得たものは、二度とハンニバルのような人物と苦闘しなくてもよいという一事にすぎなかった。当時のローマ人にとっては、軽視できない感情ではあったろう。だが、なぜそれを、五十年も経《た》ってからしなければならなかったのか。それに、古代のアフリカは豊かな地方だった。その中でもカルタゴは、アフリカの物産の集結地として最適の地であった。しかも、ローマの覇権に異を唱えたのでもなかったのだ。反旗をひるがえしたのは、絶体絶命に追いこまれたからであり、追い込んだのはローマのほうであった。

そして、カルタゴを滅亡させたことによって、ローマはまもなく、新たなる問題をかかえこむことになる。ヌミディア（現アルジェリア）の強大化に歯どめをかけることのできる存在を、抹殺してしまったことになったからであった。

スキピオ・ナシカは終始、カルタゴの存続を主張したが、それは彼が、ただ単に寛容でありたかったからではない。ヌミディア王国への対策を考えたからである。そして、彼のこの現実主義路線がカトーの強硬路線に敗れたのは、カルタゴ人の挑発によるのではなく、不幸にも同時期に重なってしまった、ギリシア人の挑発の余波であったのだ。

もしも、スキピオ・アフリカヌスの早い死とカトーの長寿が逆であったとしたならば、そして、同じ時期にギリシアが騒然としていなかったならば、歴史は変っていたであろうか。私は、変っていたのではないかと思う。とくに、これより百年の後になってから再建されることになるカルタゴに今も遺《のこ》る、ローマ人の手になる大規模な水道の遺跡を見てからは、カルタゴ再建のための「インフラ整備」に、あれほどもローマ人が力をつくし、再建されたカルタゴが、ローマが存続していた間、アフリカ有数の都市でありつづけたことを思えば、なおのことその想いを強くするのである。

紀元前一四六年に消滅したカルタゴのかつての領土は、それ以後はウティカに駐在する総督によって統治される、ローマの属州になった。この地方は、もはやカルタゴとは呼ばれなかった。ローマの属州となった旧カルタゴの呼称は、「属州アフリカ」に変った。

「マーレ・ノストゥルム」

カルタゴを属州にし、スペインを属州にし、ギリシアも事実上の属州にしたと同じ時期、後継者に恵まれなかったペルガモンの王が、自分の死の後の王国をローマに託すことを遺言して死んだ。ペルガモンのある小アジアの西岸部一帯も、ローマの属州になったのである。これでローマは、領有する土地の広さでも、地中海世界のゆるぎない覇権国家になった。地中海は、ローマ人にとって、「われらが海《マーレ・ノストゥルム》」になったのだ。

これもすべては、紀元前二六四年からの第一次ポエニ戦役にはじまったことであった。だが、カルタゴとの戦役が第一次だけで終っていたとしたら、また、第二次ポエニ戦役が、ローマ人が「ハンニバル戦争」と呼ぶしかないような形で展開していなかったとしたら、ローマ人の地中海制覇も、百三十年間という短い期間では達成されなかったにちがいない。

それに、カルタゴを降《くだ》して西地中海の覇者になった「ハンニバル戦争」終了後から数えれば、ローマが全地中海の制覇に要した歳月は、七十年足らずにすぎないのである。ポリビウスならずとも驚くべき現象であり、当時の多くの人々も、想いは同じであったろう。

すべては、ハンニバルに発するのである。百三十年間をとりあげた本書でも、十六年間でしかない第二次ポエニ戦役の叙述に、巻の三分の二の紙数が費やされている。歴史家リヴィウスも、著作『ローマ史』の中での「ハンニバル戦争」に費やした分量を振り返って、この戦争のローマ人に与えた影響の大きさを、改めて再認識しているほどだ。ローマ人の地中海制覇は、カルタゴの滅亡までふくめて、「ハンニバル戦争」の余波なのであった。

ローマの壊滅を生涯の悲願としたハンニバルは、他の誰よりもどの国よりも、ローマを強大にするのに力を貸してしまったことになる。地中海全体を、これほども短期間のうちにローマ人の「われらが海《マーレ・ノストゥルム》」にしてしまったのも、ハンニバルであったと思うしかない。

しかし、成功者には、成功したがゆえの代償がつきものである。ローマ人も、例外ではなかった。『ローマ人の物語』のⅢ巻目になる次の巻では、覇者になって以後のローマ人の所行《ジェスト》を書くつもりでいる。

0
500
1000km
N
黒　海
トラキア
リリア
アルメニア
ポントス
ビティニア
ペラ
マケドニア
イズミール
カッパドキア
小アジア
マグネシア
アカイア同盟
アテネ
アンティオキア
エフェソス
コリント
スパルタ
シリア
王国
ロードス
キプロス
ダマスカス
クレタ
地　中　海
イェルサレム
アレクサンドリア
メンフィス
エジプト王国

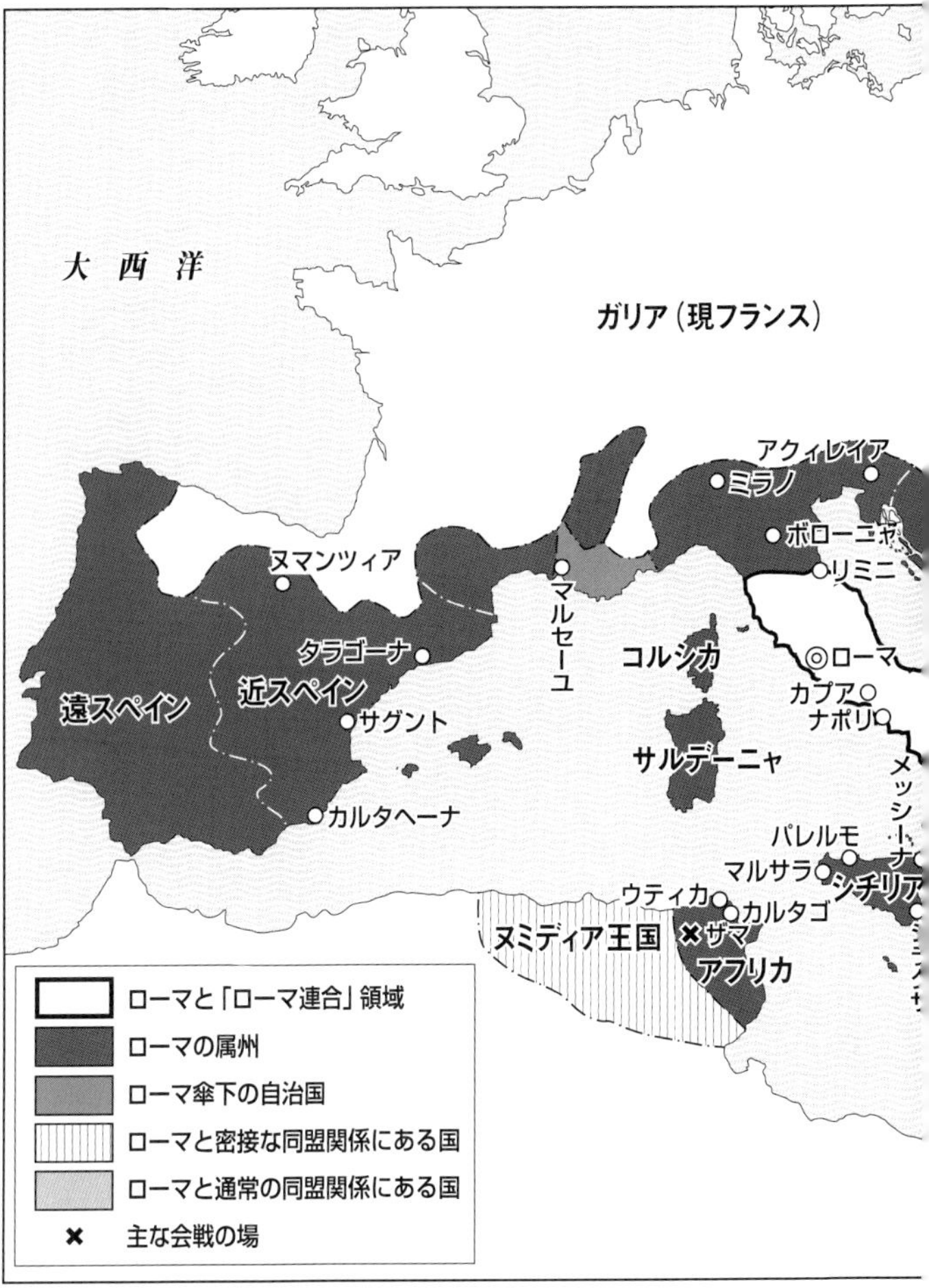

紀元前130年前後の地中海世界

年代（紀元前）	ローマ	カルタゴ	ギリシア・マケドニア	オリエント	中国	日本
	第一次ポエニ戦役（二六四～二四一） シラクサと同盟（二六三）	カルタゴ軍、シチリアへ上陸（二六二）	ストア派創始者ゼノン没（二六四）	マウリア朝、アショーカ王即位（二六八）		弥生時代
二六〇	ミラッツォ沖海戦（二六〇） パレルモ沖海戦（二五七） リカータ沖海戦（二五六） ヘルマエウム沖海戦（二五五）					
二五〇	エガディ諸島沖海戦、戦役終結、シチリアを属領に（二四一） 税制、選挙制、軍制改革（二四一）	ハミルカル、司令官となる（二四七） ハンニバル、生れる（二四七） ハミルカル、カルタゴ反乱軍を鎮圧、スペインに移住（二三八） 国内派と進出派の抗争（二三七～二三〇）		イラン、パルティア王国（二四七）	秦の政（始皇帝）即位（二四七）	
二三〇	イリリアへ進攻（二二九）	ハミルカル戦死、女婿ハシュドゥルバル、将軍となる（二二九）	天文学者アリスタルコス没（二三〇）	アショーカ王没、マウリア朝分裂（二三二）		

	二二〇	二一〇
ガリア軍進攻、撃退する（二二五～二二二）	**第二次ポエニ戦役**（二一八～二〇一） ティチーノ、トレッビア会戦（二一八） トラジメーノ会戦（二一七） カンネ会戦、ローマ軍大敗（二一六） ハンニバル、南伊諸都市を攻略（二一三） シラクサをローマの属州にする（二一一）	ターラント再復（二〇九） スキピオ、カルタヘーナを攻略（二〇九） ベクラ会戦（二〇八）
スペインに、 ナ建設（二二八） ハンニバル、総督に（二二一）	ハンニバル、アルプスを越え、イタリアへ進攻（二一八） シラクサ・マケドニアと同盟（二一五） スペインのローマ軍を壊滅状態に追い込む（二一一）	ハシュドゥルバル（ハンニバル次弟）、スペインを出発、アルプスを越え、イタリアへ（二〇八）
	ギリシア同盟戦争（二二〇～二一七） マケドニア王フィリップス五世、カルタゴと同盟（二一五）	
アンティオコス三世、シリア王に即位（二二三）	エジプトのプトレマイオス王朝、ローマと同盟（二一四）	
秦の始皇帝、天下統一（二二一）		
弥生時代		

年代（紀元前）	ローマ	カルタゴ	ギリシア・マケドニア	オリエント	中国	日本
	メタウロ会戦（二〇七）	ハシュドゥルバル、戦死（二〇七）				弥生時代
	イリパ会戦、スキピオ、スペインを制圧（二〇六）					
	スキピオ、執政官となる（二〇五）	マゴーネ、ジェノヴァに上陸（二〇五）				
		ハンニバル、カルタゴに帰還（二〇三）		ヌミディア王国、ローマと同盟（二〇三）		
	ザマ会戦、スキピオ、ハンニバルを破る（二〇二）	ローマと講和成る（二〇二）			漢王朝成立（二〇二）	
	戦役終結、ローマ、西地中海の覇権を握る（二〇一）					
二〇〇			マケドニア、南下を開始（二〇〇）	ヌミディア王マシニッサ、カルタゴ領に攻撃開始		
	マケドニアと戦い、ローマ軍勝利（一九七）	ハンニバル、シリアへ亡命（一九五）	ローマの将フラミニヌス、ギリシア諸都市の自由を宣言（一九六）	（一九五）		
	シリア戦争始まる			ハンニバル、エフェソスでスキピオと会談		

一九〇 一五〇
マグネシア会戦、シリア軍を破る(一九〇) スキピオ、裁判にかけられる (一八七) スキピオ没 (一八三) マケドニア戦争、マケドニアを破り、四自治国に分割 (一七一～一六八) **第三次ポエニ戦役始まる** (一四九) アカイア同盟国中心地コリントを破壊 (一四六) カルタゴを破壊、**戦役終結** (一四六) スペインのマヌンツィアを破壊、スペイン全土を領有(一三三)
ハンニバル、シリアへ亡命 (一九〇) ハンニバル、自殺 (一八三) カルタゴ市、ローマとの戦闘準備に入る (一四九) カルタゴ滅亡、ローマの属州となり、属州アフリカと呼称 (一四六)
フィリップス王没、ペルセウス、王に即位(一七九) マケドニア王朝滅亡 (一六八) 旧マケドニア王国領、ローマの属州となる (一四六)
シリア、ローマ海軍に敗れ、制海権を失う (一九〇) シリア、ローマに敗れ講和 (一九〇) カルタゴ傭兵、ヌミディアに進攻 (一五〇)
呉楚七国の乱 (一五四) 武帝即位 (一四一)
弥生時代

参考文献

歴史は、勝者が自分たちに都合の良いように叙述したもの、と思っている人が少なくない。他国にはあまり影響をおよぼさない小国であったり、厳重な言論統制を布く警察国家でもあればそれも可能だろうが、これら以外の国や民族では、そうはことは簡単に運ばないのである。

叙述の偏向ということならば、あるかもしれない。しかし、偏向は、ありもしない嘘を叙述することとは同じではない。

ローマ人は、勝者であった。だがローマ人は、西ローマ帝国の崩壊までにしてもその一千二百年におよぶ歴史のうちで、初期を除くすべての時代をバイリンガーとして生きた民族である。勝者の言語であるラテン語と敗者たちの共通語であったギリシア語は、ローマ時代には完全に同等な地位にあった。敗者であったギリシア人もユダヤ人もオリエントの人々も、ギリシア語で書き発表することができ、勝者であるローマ人の間にさえ読者をもつことができたのである。ローマの一応の家庭の子弟にとって、ギリシア語は必須課目であった。

叙事詩人ホメロスも哲学者のプラトンもアリストテレスも、三大悲劇作家の作品もアリストファーネスの喜劇も、歴史家ヘロドトスもツキディデスもクセノフォンも、ギリシア語で成された彼らの作品のラテン語訳が出版されるのは、古代ローマも末期に近くなってからである。それは、ローマ人がこれらの人々の業績に関心をもたなかったからではなく、関心をもつ程度の知的水準にあるローマ人ならば、全員がギリシア語を読み話せたからであった。翻訳の量と関心の量は、古代では比例の関係にない。

本文でも述べたように、古代のギリシア語は、現代の英語と同じであったと思ってよい。ロゼッタ・ストーンの例が実証するように、ハンニバルの遺した碑文が示すように。ローマ人自身ですら、ギリ

シア語で書いた人も少なくない。第二次ポエニ戦役をローマ側から記録したファビウス・ピクトルの作品は、彼にとっては母国語であるラテン語ではなく、ギリシア語で書かれてあった。後には、マルクス・アウレリウス皇帝も、ギリシア語で書くほうを選んでいる。

ザマの会戦の前夜になされたハンニバルとスキピオの会談は、公式なことゆえ両者とも通訳を使っているが、通訳同士の言語はギリシア語ではなかったかと思う。ならば、スキピオは完璧にギリシア語を解し、ハンニバルもギリシア語を習っていたというのだから、通訳を立てての会談にしろ、ほぼ完全に両者の意は通じ合ったにちがいない。エフェソスでの二人のおしゃべりの際は、私的なこととて通訳は立てていない。このときに使われた言語も、ギリシア語ではなかったか。そして、カエサルとクレオパトラとの間に交わされた寝物語も、ギリシア語ではなかったかと想像する。

歴史叙述が勝者の意のままになりにくいもう一つの条件は、叙述される事項をチェックできる能力を持った人間がどれだけいるかにかかっている。

印刷技術の開発されていなかった古代でも、出版社らしきものは存在した。ただし、印刷はできないのだから筆写である。人間が一字一句書き写していくのだから、当然のことながら一巻き（一冊）の値は高くなる。帝政時代に移る頃からは図書館もできるが、それでもなお読者数は限られてくる。しかし、限られた読者数しかもてなかったということは、叙述の全体とはいわないまでも一部ならば、相当な程度に知識をもつ人々が読者であったということである。

歴史叙述という作業は、史料を集め、それを整理し、そのうえ達意の文章によって叙述しなければ理解してもらえないという、まことにめんどうな作業である。それを、失笑を買うとわかっていることに費やす人は多くはないはずと思う。

ラテン語の格言にもあるように、VERBA VOLANT, SCRIPTA MANENT（話したことは飛び去るが、書いたことは残る）のであ

る。しかも、残ってしまうものを書く作業は、歴史家サルスティウスも言ったように、ARDUUM RÉS GESTAS SCRIBERE（書くことはむずかしい）のだ。これほどの苦労までして、誰が、わざわざゆがんだ歴史を書くであろうか。そして、歴史の叙述が、第三者が考えるほどは恣意的になりにくい理由の第三は、書く前の調査の段階ですでに芽生えてくる。

後世に書かれた歴史書研究書は知識を与えてくれるが、知識だけの歴史は平面的な把握に留まりやすい。それを立体的把握にもっていくには、原史料として一括されている、同時代かそれに近い時代に書かれた史料を読むしかない。そして、それらを読みはじめるや、歴史が立体的になるだけでなく、色彩をともない大気まで感じられるようになってくるのだ。この醍醐味を味わってしまったら最後、それを読んでくれる人にも伝えたいと思わない筆者はいないであろう。

歴史（物語）を書こうと試みる人間ならば、史料の整理整合の段階ですでに、想像力に訴えねばならないことを知っている。だが、同時に、想像力に頼りすぎることが、自らの墓穴を掘ることになるのを知っている。歴史そのままと歴史離れとは、フィクションを書くのでないかぎり、明解に割り切ってすむ命題ではないのである。

歴史を書く作業は、歴史と斬り結ぶことだと思う。自らの全知能と全存在を賭けて、決闘することであるとさえ思う。不完全ということはあるだろう。しかし、故意に曲げて書くなどということは、それこそ、ARDUUM、むずかしい。なぜなら、自らの表現を書くことに選んだ人間は知っているのだ。人間の性格は、容貌より以上に彼や彼女の書き言う言葉にあらわれる（プルタルコス）ということを。

参考史料も、第Ｉ巻の終り（文庫では『ローマは一日にして成らず下』巻末）にすでにあげた作品は、再度とりあげないことにします。

《後世に書かれた歴史書・研究書》

ACQUARO, E., *Cartagine: un impero sul Mediterraneo*, Roma, 1978.
AFRICA, T.W., *The immense Majesty: a history of Rome and the Roman Empire*, New York, 1974.
ARNOLD, T., *The Second Punic War*, London, 1886.
ASHB'Y, Th., *The Roman Campagna in Classical Times*, London, 1927.
BAILEY, C. (ed.), *The Legacy of Rome*, Oxford, 1924.
BALSDON, J.P.V.D., *Roman Women*, London, 1962; (ed.) *The Romans*, London, 1965; *Life and Leisure in ancient Rome*, London, 1969.
BELLINI, A., *La battaglia romano-punica del Ticino*, Torino, 1922.
BELOCH, G., *Le monarchie ellenistiche e la repubblica romana*, 1933 (伊訳).
BONNER, S.F., *Education in ancient Rome*, London, 1977.
BORCH, H.C., *Roman Society: A Social, Economic and Cultural History*, Lexington (Mass.), 1977.
BOSSI, G., *La guerra annibalica in Italia da Canne al Metauro*, 《Studi e Documenti di Storia e Diritto》 XII, 1891.
BRAUER, G.C., *The Age of the Soldier Emperors*, Park Ridge (NJ), 1975.
BRISSON, J.P., *Carthage ou Rome*, Paris, 1973.
CARCOPINO, J., *La loi de Hiéron et les Romains*, Paris, 1914.
CASSON, St., *Macedonia, Thrace and Illyria*, Oxford, 1926.
CAVEN, B., *The Punic Wars*, London, 1980.
CHRIST, K., (ed.), *Hannibal*, Darmstadt, 1974.
CIACERI, E., *Storia della Magna Grecia*, Milano, 1932; *Scipione Africano e l'idea imperiale di Roma*, Napoli, 1940.
CLARKE M.L., *The Roman Mind*, London, 1956.
CLEMENTE, G., *Guida alla storia romana*, Milano, 1978.
CLERC, M., *Massalia* (2 vol.), Marseille, 1927-29.
COLIN, G., *Rome et la Grèce de 206 à 146 avant Jésus-Christ*, Paris, 1905.
CORRADI, G., *Le strade romane dell'Italia occidentale*, Torino, 1939.
CRAWFORD, M.H., *The Roman Republic*, London, 1978.
DE MARTINO, F., *Storia della costituzione romana*, 2ª ed., Napoli, 1972-75; *Storia economica di Roma antica*, Firenze, 1979.
DE NUNZIO, U., *Su la topografia di Cartagine punica*, Roma, 1907.

DE RUGGIERO, E., *Le colonie dei Romani,* Roma, 1907.

DODGE T.A., *Hannibal,* Boston, 1891.

DOREY T.A. & DUDLEY D.R., *Rome against Carthage,* London, 1971.

EARL, D., *The Moral and Political Tradition of Rome,* London, 1967.

EHRENBERG, V., *Karthago,* Leipzig, 1927.

FELICIANI, N., *La seconda guerra punica nella Spagna (211-208 A.C.). Dalla disfatta dei due Scipioni alla partenza di Asdrubale Barca alla volta d'Italia,* 《Studi e Documenti di Storia e Diritto》 XXV, 1904.

FERRABINO, A., *La dissoluzione della libertà nella Grecia antica,* Padova, 1929; *L'Italia romana,* Milano, 1934.

FINLEY, M.I., *The ancient Economy,* London, 1973.

FRACCARO, P., *Biografia di Catone,* 《Memorie dell'Accad. Virgiliana》 III, 1910; *Catone il Censore in Tito Livio,* 《Studi Liviani: Istituto di Studi Romani》, Roma, 1934.

FRANK, T., *Placentia and the battle of the Trebbia,* 《Journal of Roman Studies》 IX, 1919.

GIANNELLI, G., *Roma nell'età delle Guerre Puniche,* Bologna, 1938.

GRIMAL, P., *La civilisation romaine,* Paris, 1960.

GROAG, E., *Hannibal als Politiker,* Wien, 1929.

GSELL, S., *Etendue de la domination Carthaginoise en Afrique,* Orientalisten-Kongress, Algeri, 1905; *Histoire ancienne de l'Afrique du nord,* Paris,1913-28.

HARRIS, W.V., *War and Imperialism in the Republican Rome 327-70 B.C.,* Oxford, 1979.

HENNEBERT, E. M., *Histoire d'Hannibal,* Paris, 1870-91.

HEURGON, J., *Il Mediterraneo occidentale dalla preistoria a Roma arcaica,* Bari, 1972.

HOLM, A., *Storia della Sicilia nell'Antichità,* Torino, 1901（伊訳）.

JULLIAN, C., *Histoire de la Gaule,* Paris, 1908.

KROMAYER, J. & VEITH, G., *Antike Schlachtfelder. Bausteine zu einer antiken Kriegsgeschichte* (5 vol.), Berlin, 1903-31.

LEVI, M., *La politica imperiale romana,* Torino, 1936.

LIDDELL HART, H.B., *Scipio Africanus: Greater Than Napoleon,* Boston（英国）, 1926.

MACDONALD, A.H., *Scipio Africanus and Roman politics in the second century B.C.*, 《Journal of Roman Studies》 XXVIII, 1938.

MANSFIELD, H., *Studies on Scipio Africanus*, Johns Hopkins Press, Baltimore, 1933.

MARTELLI, G., *Annibale nell'Umbria e la battaglia di Assisi*, Perugia, 1924.

MEYER, E., *Hannibal und Scipio*, 《Meister der Politik》, Stuttgart-Berlin, 1923.

MINISTERO DELLA MARINA (ed.), *Monografia storica dei porti dell'antichita nella penisola italiana*, Roma, 1905.

MOMIGLIANO, A., *Annibale politico*, 1931.

MORRIS, W., *Hannibal soldier, statesman, patriot and the crisis of the struggle between Carthage and Rome*, New York, 1897.

MOSCATI, S., *I Cartaginesi in Italia*, Milano, 1977.

NICCOLINI, G., *La cronologia della prima guerra punica*, 《Studistor. per l'antichità class.》 VI, Pavia, 1913.

PACE, B., *Le fortificazioni di Cartagine*, 《Atti del II Congresso di studi romani》, Roma, 1930.

PACE, B. & LANTIER, R., *Ricerche cartaginesi*, 《Mon. antichi a cura Accademia Lincei》, 1925.

PAIS, E., *Dalle guerre puniche a Cesare Augusto* vol. II, Roma, 1918; *Storia della Sardegna e della Corsica durante il dominio romano*, Roma, 1923; *Storia della colonizzazione di Roma Antica* vol. I, Roma, 1923; *Serie cronologica delle colonie romane e latine*, 《Memorie della R. Accademia dei Lincei》, 1924-25; *Storia di Roma durante le Guerre Puniche* (2 vol.), Roma, 1927; *Storia di Roma durante le grandi conquiste mediterranee*, Torino, 1931.

PARETI, L., *Contributi per la storia della guerra Annibalica*, 《Riv. di Filologia classica》, 1912.

PEDROLI, U., *Roma e la Gallia Cisalpina*, Torino, 1893.

ROULAND, N., *Clientela: essai sur l'influence des rapports de clientèle sur la vie politique romaine*, Aix-Marseille, 1977.

SALMON, E.T., *Last latin colony*, 《Classical Quarterly》, 1933.

SCHEMANN, L., *De legionum per alterum bellum Punicum historia*, Roma, 1875.

SCULLARD, H., *Scipio Africanus in the Second Punic War*, Cambridge University Press, Cambridge, 1930.

SHERWIN-WHITE, A.N., *The Roman Citizenship*, 2ª ed., Oxford, 1973.

SILVA, P., *Il Mediterraneo dall'unità di Roma a l'Impero Italiano*, 5ª ed., Milano, 1941.

VIANELLO, N., *Quando e perchè i Romani occuparono la Sardegna*, 《Rivista di Storia Antica》 VIII, 1904.

WATSON, G., *The Roman Soldier*, London, 1969.

ZANCAN, L., *Le cause della terza guerra punica*, 《Atti del R. Istit. Veneto》 95, 1935-36.

図版出典一覧

カバー	ローマ国立博物館 ©Museo Nazionale Romano
p. 8	同上
pp. 12－13	地図作製：綜合精図研究所
p. 39	同上
p. 59	同上
p. 63右	イタリア大統領官邸（Palazzo Quirinale） ©Archivi Alinari
p. 63左	作画：瀬戸照（紀元前二世紀初頭の金製の指輪に浮彫りされた像――ナポリ国立美術館所蔵――より）
p. 74	pp. 12－13に同じ
p. 79	同上
p. 81	同上
p. 103	同上
p. 197	同上
pp. 208－209	同上

この作品は一九九三年（平成五年）八月新潮社より刊行された。

ローマ人《じん》の物語《ものがたり》 5
ハンニバル戦記《せんき》［下］

新潮文庫　し - 12 - 55

平成十四年七月一日発行
令和五年九月二十五日三十一刷

著者　塩《しお》野《の》七《なな》生《み》
発行者　佐藤隆信
発行所　株式会社新潮社

郵便番号　一六二―八七一一
東京都新宿区矢来町七一
電話　編集部(〇三)三二六六―五四一一
　　　読者係(〇三)三二六六―五一一一
https://www.shinchosha.co.jp

価格はカバーに表示してあります。

乱丁・落丁本は、ご面倒ですが小社読者係宛ご送付ください。送料小社負担にてお取替えいたします。

印刷・錦明印刷株式会社　製本・錦明印刷株式会社

ISBN978-4-10-118155-4 C0122